Christine Koenig

Meinen Weg alleine weitergehen

Über die Autorin

Christine Koenig ist Initiatorin des *Revivre*-Kurses (dt. *lieben-scheitern-leben*), der sich an getrenntlebende und geschiedene Menschen richtet. Sie hat Schulpsychologie studiert und Erziehungsberatung. Nach 22 Ehejahren wurde sie von ihrem Mann geschieden. Sie hat drei erwachsene Töchter. Heute hält sie Vorträge für Geschiedene und engagiert sich in der Familienarbeit.

Christine Koenig

Meinen Weg
alleine weitergehen

Nach einer Scheidung eine
neue Perspektive finden

Aus dem Französischen
von Olga Löwen

Inhalt

Geleitworte zum Buch

„Bis dass der Tod uns scheidet"

… so starten Menschen ihr gemeinsames Leben als Ehepaar. Dabei denkt keiner daran, dass es ein Ende ihrer Beziehung auf eine andere Weise geben wird. Christine Koenig benennt es treffend: Bei der Eheschließung sagen zwei Menschen Ja – bei einer Scheidung hingegen genügt das Ja eines Partners.

Vor der Tatsache, dass Scheidung eine gesellschaftliche Realität geworden ist, dürfen wir nicht die Augen verschließen. Diese Tatsache ist auch in christlichen Gemeinden unübersehbar.

Ich bin über das vorliegende Buch sehr dankbar. Es zeigt deutlich die Phasen auf, die Menschen (Ehepartner wie Kinder) durchlaufen, wenn eine Ehe zerbricht. Christine Koenig berichtet unverblümt und authentisch von diesem Weg. Sie erzählt aber auch von dem erreichten Ziel. Es lohnt sich für den Leser, mit ihr gemeinsam diesen Weg zu beschreiten.

Dieses Buch empfehle ich besonders dort, wo das Thema Scheidung noch als Tabu behandelt wird. Menschen, die davon betroffen sind, werden oft von Freunden oder auch Gemeinden, die das Scheitern einer Ehe tabuisieren, belastet. Sie brauchen aber Hilfe und Unterstützung statt weitere Belastung! Der Auftrag Jesu, sich um Witwen und Waisen besonders zu kümmern, betrifft nach meinem Verständnis auch die Scheidungswitwen und Scheidungswitwer wie auch die Scheidungswaisen. Hier geht es um praktische Lebenshilfe.

Die Lektüre dieses Buches kann für den Leser ermutigend und herausfordernd sein. Ich bin dankbar, dass Christine Koenig allen Betroffenen mit ihrer Geschichte einen Weg aus der Trauer, Depression, Wut und Rache heraus in ein hoffnungsvolles, glückliches Leben nach der Scheidung zeigt.

Siegbert Lehmpfuhl, Leiter von Team.F – Neues Leben für Familien e. V.

Was ist, wenn geschieht, was nicht geschehen darf?

Ich habe mehrere Freunde, deren Ehe in die Brüche ging. Zu diesen Freunden gehört auch die Autorin. Die meisten von ihnen schlossen Gott als die ewige Quelle der Liebe in ihre Beziehung ein. Und jetzt dies! Wenn das Glück zerrinnt, stehen Gott und Freunde im Zwielicht. Wer oder was sollte helfen? Sackgasse? Oder ist doch ein Neuanfang möglich?

Ich kenne wenige Menschen, die sich so ehrlich dem Zerbruch in ihrem Leben stellten wie die Autorin und nicht reflexartig nach einem Trostpflaster suchten. Ich habe großen Respekt vor ihr, wie sie am Tiefpunkt ihres Lebens innehielt und den unverstellten Blick auf sich selbst wagte. Das vorliegende Buch ist die Beschreibung eines erstaunlichen Weges der inneren Transformation weg von der Opferrolle hin zu mutiger Selbstverantwortung. Wer dieses Buch liest, bekommt Mut, die sich ständig reproduzierenden Gedanken von Trauer, Selbstmitleid und Vergeltung zu durchbrechen und den Weg der Vergebung und des Neuanfangs zu gehen.

Als Leser des vorliegenden Buches atme ich die Freiheit, die man gewinnt, wenn man sich nicht länger über das äußerliche Glück definiert. Ich erlebe Schritt für Schritt mit, wie die Autorin anfangs zweifelnd, dann immer mehr glaubend am Gott der Liebe als ihrer Zuflucht festzuhalten lernt. Und ich werde Zeuge ihrer Verwandlung, wie sie unterstützt von Menschen, die ihr zu echten Freunden geworden sind, wieder aufsteht. Möge die Lektüre den Lesern helfen, die selber eine Trennung verarbeiten müssen, aber auch solche inspirieren, die zu echten Freunden werden wollen.

Hansjörg Forster, Leiter von FAMILYLIFE, Schweiz

Vorwort

Nach zweiundzwanzig Ehejahren hat mein Mann mich verlassen. Zwei Jahre später wurden wir geschieden. Damals fühlte ich mich verletzt und verlassen. Ich war verzweifelt, meine Hoffnung auf Versöhnung war völlig zerschlagen worden. Ich hatte das Gefühl, alles darangesetzt zu haben, um unsere Familie zu retten – doch es war vergebens gewesen.

Verschiedene Fragen gingen mir durch den Kopf:

1. Was wird aus mir werden?
2. Könnte ich eines Tages die Lebensfreude wiederfinden?
3. Werde ich dauerhaft die Stigmata der Scheidung tragen?

Ich habe an zwei Fronten gekämpft: Da waren einerseits mein eigener Schmerz und andererseits der meiner Töchter, die den Zerbruch der Familie nur schwer verkraften konnten. Ihnen gegenüber fühlte ich mich schuldig. Im Laufe der ersten Monate kämpfte ich schlichtweg darum, den Kopf über Wasser zu halten; ich funktionierte im Überlebensmodus.

Ich bin dankbar und froh, heute sagen zu können, dass ich wieder Freude am Leben habe.

Nach einer Scheidung stehen wir vor der Wahl, entweder in Bitterkeit und Resignation zu verharren oder zu reifen und wieder aufzuleben. Gemeinsam werden wir diesen Weg beschreiten, damit unser Leben sich wieder normalisieren, ja sogar an Tiefe gewinnen kann.

In diesem Buch spreche ich weder als Soziologin noch als Psychologin – vielmehr schildere ich Lektionen, die ich gelernt habe, beschreibe verschiedene Phasen meines Lebensweges und meine eigenen Betrachtungen. Mit diesem Ansatz entsteht eine Mischung aus Autobiografie und Ratgeber. Jedes Kapitel ist in zwei Teile gegliedert: Zunächst finden Sie einen persönlichen Bericht und anschließend Anregungen zum Nachdenken. Um das Konzept dieses Buches abzurunden, habe ich es mir erlaubt, Erfahrungsberichte aus dem Leben anderer Menschen anzubringen – natürlich mit Einverständnis der Autoren.

Meinen Weg alleine weitergehen richtet sich nicht nur an Menschen, die sich in der gleichen Lebenssituation wie ich befinden, sondern auch an deren Angehörige. Das soziale Umfeld spielt bei der praktischen und psychischen Unterstützung der Betroffenen eine wesentliche Rolle. Ein stabiles soziales Netzwerk wird ihnen helfen, die Schwierigkeiten zu bewältigen.

I – Zerrissenheit

Unsere Familie zerbricht! Das darf nicht wahr sein! Damit begann die schwierigste Zeit meines Lebens. In den darauffolgenden Jahren musste ich mehrere Trennungen und Versöhnungen durchmachen. Einige Erfahrungen aus dieser komplizierten Geschichte möchte ich mit Ihnen teilen. Nur zu oft versank ich in Hoffnungslosigkeit. Immer wieder fiel ich hin, stand auf und fiel wieder hin. Mir schien, dass ich keinen Schritt vorankomme. Ich kämpfte darum, den Kopf über Wasser zu halten. Am Ende des Weges stand schließlich die Scheidung.

1. Mein Schlachtfeld

Es ist der 1. August, Nationalfeiertag der Schweiz: Die Kinder spielen im Garten, während mein Mann Unkraut jätet. Ich freue mich bereits auf den Abend, wenn unser Dorffest steigt. Ein großer Umzug mit Lampions durchs Dorf steht auf dem Programm. Plötzlich räumt mein Mann sein Werkzeug zusammen und verschwindet im Haus. Nach einer Viertelstunde kommt er wieder heraus – er hat sich richtig in Schale geworfen. Meine Frage, wohin er gehen wolle, beantwortet er ausweichend.

Ich weiß seit nicht allzu langer Zeit, dass mein Mann sich mit einer anderen Frau trifft. Nach einigem Überlegen überwinde ich mich dazu, ein befreundetes Ehepaar anzurufen, damit wir zusammen zum Umzug im Dorf gehen können.

Irgendwo in meinem Herzen wohnt die leise Hoffnung, dass es nur ein flüchtiges Liebesabenteuer ist. Ich male mir aus, dass mein Mann zu mir zurückkommen wird, wenn ich nur alles richtig mache – also noch besser koche, das Haus noch sauberer halte und noch schönere Kleider trage. Ich habe die Hoffnung, dass sich alles wieder einrenken wird, solange ich ihn nicht direkt mit diesem Thema konfrontiere. Also verdopple ich meine Anstrengungen, was mich irgendwann an meine Grenzen bringt. Ich realisiere, dass sich die Situation nicht geändert hat. Rückblickend mache ich mir Vorwürfe: Warum habe ich mich nicht gewehrt? Hatte ich Angst, meinen Partner endgültig zu verlieren?

Einige Monate später löst sich meine Blockade. Ein Freund ermutigt mich, mit meinem Mann Tacheles zu reden: entweder er beendet seine Affäre oder er muss gehen. Als ich meinen Mann vor diese Wahl stelle, entschließt er sich dazu, eine kleine Wohnung zu mieten. Entgegen aller Erwartung empfinde ich das als Erleichterung. Immer noch habe ich die Hoffnung, den Scherbenhaufen unserer Beziehung kitten zu können. Natürlich wird er dafür seine Affäre beenden müssen. Und er tut es tatsächlich.

Als er zu mir zurückkommt, sagt er mir zwei bemerkenswerte Dinge: erstens, dass er Respekt vor mir habe – er hätte sich niemals vorstellen können, dass ich ihn so deutlich zur Verantwortung ziehen würde. Zweitens habe er allen Ernstes geglaubt, dass er gleichzeitig eine Familie und eine Geliebte haben könne. Meine Einstellung dazu hat ihn gezwungen, seine Prioritäten zu überdenken.

Stellen Sie die Dinge klar

Stellen Sie Ihren untreuen Partner vor die Wahl: Er muss sich entscheiden – entweder für Sie oder für die andere Person. Dulden Sie keine langen Bedenkzeiten, sondern bestehen Sie auf eine schnelle und eindeutige Entscheidung. Lange Bedenkzeiten führen häufig nur dazu, dass die außereheliche Beziehung noch enger wird.

Weder diskutieren noch klagen

Diskutieren Sie nicht mit Ihrem Partner. Ihre Bemühungen, ihn davon zu überzeugen, Sie seien der richtige Partner, könnten Sie am Ende erschöpfen. Vermeiden Sie ebenso Bitten und Klagen. Dies könnte Ihren Partner erst recht dazu bewegen, Sie zu verlassen. Denken Sie daran, dass dies eine Frage der Selbstachtung ist.

Setzen Sie klare Grenzen! So ist Ihrem Partner am besten geholfen, die Herausforderungen klar zu erkennen: die Familie für eine Affäre opfern? Ist es das wert? Wenn es tatsächlich das ist, was er will, haben Sie wenigstens keine wertvolle Zeit damit verschwendet auf seine Entscheidung zu warten.

Stellen Sie Bedingungen

Wenn Ihr Partner zurückkommt, weil er zusammen mit Ihnen wieder als Ehepaar leben will, müssen Sie klare Bedingungen stellen. Schlagen Sie beispielsweise vor einen Eheberater aufzusuchen. Das in einer Partnerschaft unerlässliche Vertrauen lässt sich nicht mit einem Zauberstab wiederherstellen. Das Risiko, bald erneut in eine Krise zu geraten, ist einfach zu groß. Wer einen Neubeginn wagt, muss an den Grundlagen arbeiten. Doch die Mühe lohnt sich wirklich!

Gott steht immer auf der Seite unserer Ehe, doch er wird keinen der beiden Partner zwingen.

2. Betrogen

Nur dank übermenschlicher Kräfte schaffe ich es, Melanie zuzuhören ohne zu explodieren. Am Telefon erklärt sie mir, dass sie nun mit meinem Ehemann liiert sei.

„Als meine Freundin" finde sie es fair, mich darüber in Kenntnis zu setzen. Mir verschlägt es die Sprache. Wenn ich zu sprechen beginne, laufe ich Gefahr, sie zu beleidigen. Ich zittere und bin kurz davor, die Beherrschung zu verlieren. Ich sage ihr, dass ich sie später anrufen würde und beende damit unser Gespräch.

Wie konnte es so weit kommen? Seit zwei Monaten sind mein Mann und ich erneut getrennt. Bis dahin hatte ich wirklich die Hoffnung, dass wir wieder zusammenfinden würden. Melanie ist eine Freundin – oder „war" sie eine Freundin?

Zwei Menschen, die für mich sehr kostbar sind, haben mich betrogen. Der Anblick meines Mannes in den Armen einer fremden Frau ist bereits äußerst schwer auszuhalten, doch die Vorstellung, dass er in den Armen meiner Freundin liegt, die sich als gläubige Christin bezeichnete, ist für mich unerträglich. Sie haben mein Vertrauen schamlos missbraucht. Meine Emotionen habe ich nicht mehr unter Kontrolle. Enttäuschung, Wut, Angst und das Gefühl, betrogen worden zu sein – all das stürzt gleichzeitig auf mich ein. Ich fürchte zusammenzubrechen und fühle mich wie gelähmt. Da ich nicht in der Lage bin Melanie zurückzurufen, bitte ich eine Freundin, sich darum zu kümmern.

Melanie habe ich vor zwei Jahren kennengelernt. Mehrmals hatte sie mir von ihren Eheproblemen erzählt, woraufhin ich sie ermutigt hatte nicht aufzugeben. Doch mein Rat wurde nicht befolgt. Letztendlich hat sie ihren Ehemann verlassen. Jedes zweite Wochenende waren die Kinder bei ihm. Deshalb hatte ich sie zu uns nach Hause zum Essen eingeladen, um ihr mein Mitgefühl zu bezeugen. Bei diesem Treffen hatte sie meinen Mann kennengelernt. Und jetzt nimmt sie ihn mir weg!

Lernen Sie klar zu unterscheiden

Wir müssen zwischen unserer Wut und den Konsequenzen, die dieses Gefühl nach sich zieht, klar unterscheiden. Das Gefühl an und für sich ist zu Beginn weder gut noch schlecht. Doch das daraus resultierende Verhalten, unsere Reaktion auf diese Wut, richtet häufig Schaden an. Wir sollten lernen, unsere Wut wahrzunehmen und zu akzeptieren, ohne sie an unseren Kindern und Freunden auszulassen. Außerdem müssen wir lernen, konstruktiv mit diesem Gefühl umzugehen – was für eine Herausforderung das doch ist! Für mich persönlich war es hilfreich, mein Herz einer Freundin auszuschütten und meine Wut zur Sprache zu bringen. Dadurch gelang es mir, die furchtbare Nachricht und meinen Wunsch, Melanie gegenüber zerstörerisch zu reagieren, voneinander zu trennen.

Gefühl der Ohnmacht

Angesichts einer solchen Erfahrung fühlen wir uns häufig ohnmächtig und sind nicht in der Lage, die Situation zu beherrschen. Der Betrug löst Wutanfälle aus – eine normale Reaktion auf die Ungerechtigkeit und auf das Leid, das wir in solch einer Dimension wahrscheinlich noch nie zuvor erlebt haben. Die Verletzung war so tief, dass ich handlungsunfähig war. Ich habe die Gelegenheit verpasst, Melanie gegenüber meine schwere Enttäuschung und meine tiefe Trauer zum Ausdruck zu bringen.

Gott der Gerechtigkeit

Ich weiß, dass Gott einen guten Plan für mein Leben hat, doch momentan kann ich ihn nicht erkennen. Dennoch leuchtet es mir ein, dass es nichts nützt, den anderen aus Rache zu verletzen. Besser ist es, Gott die Aufgabe zu überlassen, Gerechtigkeit zu üben und auf seine Verheißung zu vertrauen!

„Ja, ich mache dich unnachgiebig, härter noch als einen Kieselstein, hart wie einen Diamanten. Hab keine Angst vor diesem widerspenstigen Volk!"
Hesekiel 3,9 (Hfa)

3. Komplizierte Trauer

Einen Schlussstrich ziehen – nach zweiundzwanzig gemeinsamen Jahren? Einen Neuanfang wagen? Nein, das kann ich nicht. Außerdem ist die Situation nicht eindeutig genug. Noch hat niemand von uns ein Scheidungsverfahren vor Gericht beantragt. Ich frage mich, ob mein Mann wohl das Für und Wider abwägt. Denkt er über die Folgen seiner Entscheidung nach? Ist eine unerwartete Wende noch möglich?

Ich schwanke zwischen zwei widersprüchlichen Extremen: Einerseits hoffe ich, dass er zurückkommt und gleichzeitig bereite ich mich auf das Leben als Alleinstehende vor. Ich muss meinen Verpflichtungen gegenüber meinen drei Kindern nachkommen und die nächsten Schritte meiner Zukunft als Alleinstehende planen.

Als wir uns vor einigen Jahren schon einmal getrennt hatten – damals waren unsere Töchter noch sehr klein –, hatte ich mich darauf vorbereitet, das Haus meinem Mann zu überlassen. Ich hatte eine kleine Wohnung in der deutschsprachigen Schweiz gemietet und mich dort für eine Stelle als Sonderpädagogin beworben.

Heute jedoch ist mir und den Kindern gar nicht danach, das gewohnte Umfeld zu verlassen. Wir haben unseren Freundeskreis und unseren Wohnort lieb gewonnen.

Also suche ich nach einer Wohnmöglichkeit, um in der Gegend bleiben zu können, denn mein Mann möchte das Haus behalten. So viele Entscheidungen, die ich nun alleine treffen muss! Meine Gedanken rasen. Sehr oft, vor allem nachts, springt das Gedankenkarussell an! *Und was wäre, wenn er zurückkommt?* Ich merke, dass ich immer noch offen dafür bin. Sollte er zurückkommen – das ist mir sehr wohl bewusst –, würde es nicht einfach werden.

Doch tief in meinem Herzen glaube ich, dass dies immer noch die beste Entscheidung und die beste Variante wäre.

Wir haben uns schon mehrmals getrennt, doch bislang waren diese Phasen nicht von langer Dauer. Es fällt mir schwer zu akzeptieren, dass er diesmal vielleicht nicht zurückkommen wird. Erneut durchlebe ich eine Trauerphase.

Zeit der Ungewissheit

Dieser nervenaufreibende Zustand kann lange dauern. Wann soll man aufhören zu kämpfen? Wie lange muss man beten, warten und hoffen?

Wie lange dieser Zustand auch dauern mag, ich möchte Sie dazu ermutigen, diese Zeit dazu zu nutzen – soweit es Ihnen möglich ist –, sich auf die bevorstehenden Herausforderungen vorzubereiten.

Wie auch immer die Entscheidung unseres Partners ausfällt, die Zukunft wird uns vor Herausforderungen stellen. Falls er zurückkommt, müssen wir den Weg der Vergebung gehen, wieder lernen zu vertrauen, die Beziehung wiederherstellen und erneut gemeinsam in die gleiche Richtung blicken. Andernfalls werden wir lernen müssen, alleine zu leben und dabei ebenfalls den Weg der Vergebung gehen und den Heilungsprozess durchleben.

Trauer um eine Beziehung

Normalerweise trauern wir um einen geliebten Menschen, den wir verloren haben. Im Fall einer Trennung müssen wir um eine Beziehung trauern. Dadurch wird die Trauerphase komplizierter, denn bei jedem zukünftigen Kontakt mit unserem Expartner wird die Wunde erneut aufreißen. Dies wird sich mindestens so lange wiederholen, bis die Zeit der Trauer vorbei ist.

Lassen Sie sich Zeit

Eine derartige Situation aufzuarbeiten braucht Zeit. Gehen Sie geduldig und gnädig mit sich selbst um.

„Denn ich weiß genau, welche Pläne ich für euch gefasst habe", spricht der Herr. „Mein Plan ist, euch Heil zu geben und kein Leid. Ich gebe euch Zukunft und Hoffnung."
Jeremia 29,11 (NL)

4. Was ich durchmache, ist nicht harmlos

Wir unterhalten uns lange am Telefon. Ich erkläre meinem Mann, wie sehr ich unter unserer Trennung leide. Unzensiert bringe ich alles zur Sprache: meine Gefühle und Ängste, meine Anspannung und die Sorge um die Kinder. In jenem Moment ist mir gar nicht bewusst, dass ich bemüht bin, ihn zu einer Meinungsänderung zu bewegen. Heimlich hoffe ich, Folgendes von ihm zu hören: „Ich konnte nicht wissen, wie hart die Trennung für dich ist. Ich werde noch einmal darüber nachdenken ..."

Tatsächlich hört er sich meine Anklagerede aufmerksam an, ohne mich zu unterbrechen. *Treffen meine Argumente ins Schwarze?* Sein Schweigen lässt einen Hoffnungsschimmer in mir aufkeimen. Von seiner Antwort bin ich deshalb völlig überrumpelt: „Weißt du, Christine, ich kann nicht so ganz verstehen, warum du so viel Wind darum machst ... du bist weder der einzige noch der erste Mensch auf der Welt, der eine Trennung durchmacht!"

Wie ein Pfeil treffen mich diese Worte mitten ins Herz. Meine ganze Erläuterung ist einfach an ihm abgeperlt. Ich bin enttäuscht. Er hat überhaupt nichts verstanden!

Selbstzweifel überkommen mich. Übertreibe ich letzten Endes? Liegt das Problem bei mir, wenn ich an unserer Trennung dermaßen leide? Ist es falsch, meine Eltern zum Vorbild zu nehmen, die mir die Ehe als einen fundamentalen Wert vermittelt haben?

Grundsätzlich hat er recht: In unserem Bekanntenkreis und selbst in unserem Freundeskreis endeten viele Ehen vor dem Scheidungsrichter.

Doch macht die Tatsache, dass die Scheidung in unserer Gesellschaft inzwischen zur Normalität gehört, das Scheitern einer Ehe weniger schmerzhaft?

Die Banalisierung der Scheidung

Die Scheidung ist heute gesellschaftlich anerkannt. Die Gesetzgebung und die Politik haben auf die Entwicklung der Bräuche reagiert: Trennungen sind unkomplizierter geworden und können zunehmend schneller vollzogen werden. Das Scheidungsgesetz hat aus der Institution Ehe einen jederzeit auflösbaren Vertrag gemacht. In manchen Fällen ist eine Scheidung bereits nach kurzer Zeit rechtsgültig. Die Scheidung an sich, also der Gerichtstermin, dauert nur wenige Minuten.

Dieses Verfahren kann einer verwaltungstechnischen Formalität gleichkommen.

Der Schmerz bleibt unverändert groß

Das vereinfachte Scheidungsverfahren und die gesellschaftliche Akzeptanz der Scheidung bieten keine Lösungen für die emotionalen und psychischen Probleme. Sie könnten beinahe den Eindruck entstehen lassen, Scheidungen seien weniger schmerzlich geworden. Das ist allerdings völlig falsch. Der amerikanische Pastor Rick Warren bringt folgenden Vergleich an: „Wenn Sie beim Zahnarzt auf der Behandlungsliege Platz nehmen – welche Bedeutung hat es für Sie zu wissen, ob der Patient vor Ihnen bei der gleichen Behandlung große Schmerzen hatte?"[1]

Beziehungskapitalismus

Psychologen und Soziologen beobachten die steigende Tendenz, dass heute in einer Partnerschaft schneller als noch vor einigen Jahren das Handtuch geworfen wird.

„Wir stellen immer höhere Ansprüche an unseren Partner", erklärt Guy Bodenmann von der Universität Zürich, „während die Bereitschaft, in die Partnerschaft zu investieren, stetig abnimmt."[2]

Diese Mentalität unserer Zeit, die der deutsche Philosoph Richard David Precht als „Ära des Beziehungskapitalismus"[3] bezeichnet, bleibt nicht ohne Folgen: Wer seine Familie wegen eines neuen Partners verlässt, erntet inzwischen keinerlei Missbilligung. Solch ein Betrug wird sogar erstaunlich stark öffentlich verteidigt und anerkannt.

5. Am Tiefpunkt

Da ich mich seit einigen Tagen nicht wohlfühle, bleibe ich im Bett liegen. Meine Kraft ist am Ende und es fällt mir schwer, den alltäglichen Pflichten nachzukommen.

Eigentlich müsste ich aufstehen, das weiß ich. Heute beginnt die Seelsorge-Schulung, zu der ich mich angemeldet habe. Seit mehreren Monaten blase ich Trübsal. Meine derzeitige Situation lastet schwer auf mir und ich weine oft. Ich fühle mich wie eine alte Socke. Häufig habe ich Kopfschmerzen. Zum Essen muss ich mich überwinden. Ich habe beachtlich abgenommen (zu Beginn haben meine Kinder mich beglückwünscht ...).

Abends kommen mir manchmal sogar Selbstmordgedanken. *Hat mein Leben noch einen Sinn? Mein Leben ist das Gegenteil dessen, was ich mir erträumt habe.* Viele Gedanken gehen mir durch den Sinn, während ich im Bett liege.

Ich bin in meine alten Verhaltensmuster zurückgefallen: das Telefon läuten lassen ohne abzuheben, den Haushalt vernachlässigen und mich in meinem gemütlichen Bett einigeln. Um garantiert in Ruhe gelassen zu werden, habe ich mich unter meiner Bettdecke verkrochen. Auf diese Weise eingegraben, nehme ich mir fest vor auf keine Anfrage mehr zu einzugehen. In solchen Momenten habe ich nicht die Kraft normal zu reagieren.

Plötzlich öffnet sich die Schlafzimmertür und eine meiner Töchter erscheint im Türspalt.

„Mama?"

„Hmm?"

„Du lässt dich schon zu lange gehen, Mama! Steh endlich auf!

In einer halben Stunde werde ich dich abholen und zum Bahnhof bringen."

Ich bin nicht gerade stolz darauf, von meiner eigenen Tochter aufgerüttelt zu werden. Eine Stunde später sitze ich im Zug und bin schließlich froh darüber, aus den Federn gekommen zu sein. Doch ich mache mir Sorgen, ob ich das Schulungszentrum finden werde, das sich in einer Stadt befindet, in der ich mich nicht auskenne. Ich frage mich außerdem, ob ich mich an diesem Wochenende nicht noch einsamer fühlen werde.

All das bereitet mir Angst und mein Selbstvertrauen schwindet dahin.

Doch dann werde ich positiv überrascht. Die Ausbildung fasziniert mich und der Austausch mit den Teilnehmern tut mir gut. Ich musste den ersten Schritt machen. Wäre ich im Bett geblieben, hätte ich den Tiefpunkt nicht überwunden. Von diesem Tag an komme ich allmählich wieder auf die Beine.

Depressive Phasen sind häufig

Die meisten Geschiedenen erleben depressive Phasen. Dieses Hintergrundwissen hilft, sich selbst als normal anzusehen und sich keine Vorwürfe zu machen, wenn man (erneut) in eine depressive Phase gerät. Wie lange der Schmerz anhält, ist von Mensch zu Mensch verschieden. Die meisten Menschen kommen nach einer gewissen Zeit aus der Depression heraus.

Halten Sie einen Notfallplan bereit

Als vorbeugende Maßnahme für ernste depressive Phasen kann man einen Notfall- oder Überlebensplan erstellen. Dabei geht es darum, zu überlegen, wie wir uns verhalten werden, wenn wir das Gefühl haben, in den Abgrund abzugleiten.

Treffen Sie keine wichtigen Entscheidungen! Wechseln Sie nicht den Wohnort oder den Arbeitsplatz. Warten Sie, bis Sie wieder Boden unter den Füßen haben und klare Gedanken fassen können.

Ich schaue hinauf zu den Bergen – woher kann ich Hilfe erwarten? Meine Hilfe kommt vom Herrn, der Himmel und Erde gemacht hat!
Psalm 121,1-2 (Hfa)

Verharren Sie nicht in Traurigkeit

Traurigkeit ist ein normales Gefühl und eine gesunde Reaktion auf den Verlust des Partners. Traurigkeit bildet eine Etappe des Heilungsprozesses. Lassen Sie sie zu, doch lassen Sie sich nicht von ihr beherrschen. Sprechen Sie mit Freunden darüber!

Anderen unsere Verzweiflung und unseren Schmerz mitzuteilen ist kein Zeichen von Schwäche.

In unserer Gesellschaft sind wir – insbesondere Männer – dem enorm hohen Druck ausgesetzt, uns in einer Leidensphase als stark zu präsentieren. Überlegen Sie, was Ihnen Freude bereitet. Mir hat es ungemein gutgetan, die Ausbildung wieder aufzunehmen. Die selbstzerstörerische Energie habe ich auf ein gutes Ziel gerichtet.

6. Als ich beinahe der Versuchung erlag

Wie gut fühlt es sich doch an, wertgeschätzt zu werden ... insbesondere von einem Mann, der in der Öffentlichkeit steht.

Einer der Referenten, die das Seminar leiten, fasziniert mich. Zwar bin ich mir nicht ganz sicher, ob ich inmitten der ganzen Unternehmensleiter am richtigen Platz bin, doch der intellektuelle Ansporn und die Abwechslung zu meinem schwierigen Alltag tun mir gut. In der Mittagspause sitze ich neben besagtem Referenten. Er zeigt sich an meiner Lebensgeschichte interessiert und ich erläutere ihm, wie bereichernd seine Vorträge für mich seien. Am Ende des Seminars wird mir bewusst, dass ich mich zu diesem Mann hingezogen fühle. Wir verstehen uns ausgezeichnet und könnten unsere Unterhaltung stundenlang fortsetzen.

Einige Tage später erhalte ich einen Anruf von meinem Seminarleiter. Diesem ersten Anruf sollten viele weitere folgen. Er gesteht mir, dass er die ganze Zeit an mich denke.

Zu Beginn beunruhigen mich diese Interessensbekundungen nicht.

Doch im Laufe der Zeit werde ich sensibler. *Wäre dies nicht ein Ausweg aus meiner Lage? Mein Mann liebt mich allem Anschein nicht mehr. Ist dieser Mann für mich bestimmt? Und was ist mit seiner Ehefrau? Wollen sie sich trennen? Lügt er? Denke ich zu engmaschig?* Da dieser Seminarleiter ein angesehener Christ ist, gehe ich davon aus, dass er weiß, was richtig und was falsch ist. Diese Situation ist derart belastend für mich, dass ich innerhalb einer Woche acht Kilogramm abnehme. Als ich meinen Kindern davon erzähle, beziehen sie eine klare Position: „Mama, wenn du mit diesem Mann zusammen sein willst – ohne uns!"

Glücklicherweise werde ich rechtzeitig gewarnt, indem ich von einem Freund erfahre, dass dieser Mann bereits mehrere Frauen verführt hat. Das Wirrwarr, das in meinem Kopf und in meinem Herzen herrschte, verschwindet sofort und endgültig. Ich empfinde Abscheu mir selbst gegenüber, vor allem aber spüre ich Erleichterung. *Wie konnte ich nur so leichtsinnig sein?* Denn ich weiß genau, was ich den Menschen geantwortet hätte, die versucht hätten, mich davon abzubringen: „Pfff ... ich bin mir nicht einmal mehr sicher, ob mein Mann mich noch liebt. Eine neue Liebesbeziehung wird die Lage nicht verschlimmern können. Außerdem habe ich ein Recht darauf, glücklich zu sein – oder?" Diese Lüge habe ich ernsthaft, doch nicht lange geglaubt. Die Macht der Verführung ist überwältigend.

Alles der Reihe nach

Je stärker es in unserer Beziehung kriselt, umso größer ist die Versuchung, sich anderweitig umzuschauen. Das ist allerdings eine schlechte Idee, denn wir neigen dazu, den neuen Partner zu idealisieren und unseren Ehepartner in einem gänzlich negativen Licht zu sehen.

Im Nachhinein wurde mir bewusst, dass ich damals, als ich überlegte, eine außereheliche Beziehung einzugehen, einem Scheidungsverfahren sofort zugestimmt hätte. Doch nachdem ich den Kontakt zu diesem Mann abgebrochen hatte, stand die Überlegung, sich scheiden zu lassen, nicht mehr im Raum. Es war so, als ob die gesamte Kraft meiner Liebe zu einer Drittperson umgeleitet worden wäre. Obwohl mein Mann mich trotz allem letztlich verlassen hat, bin ich froh darüber, bis zum Schluss gekämpft und alles dafür getan zu haben – und dazu gehörte auch das Verbot, mich auf ein Abenteuer einzulassen –, um meine Ehe zu retten.

Ich glaube, dass dieses Verhalten mir den Trauerprozess enorm erleichtert hat. Außerdem brauchte ich mir keine Vorwürfe zu machen und konnte meine Kräfte ganz auf den Wiederaufbau meines Lebens fokussieren.

Es ist wichtig, keine neue Beziehung einzugehen, solange der Scheidungsprozess nicht endgültig (das heißt juristisch und psychologisch) abgeschlossen ist.

Der Zynismus unserer Zeit

Außereheliche Beziehungen hat es schon immer gegeben, doch nie zuvor wurden sie so stark provoziert und waren so leicht möglich wie heute. Untreue ist sogar zu einem Geschäftsmodell geworden. Davon zeugen die vielen Internetseiten, deren Zielgruppe Verheiratete sind, die den Nervenkitzel eines Abenteuers suchen. Der Zynismus geht sogar so weit, dass diese Dienste fälschlicherweise als „Service für Paare" deklariert werden: Sie propagieren, aus der Routine auszubrechen, um wieder zueinanderzufinden. Doch es ist genau umgekehrt: Jeder Seitensprung wird aus Geheimnissen und Lügen gewebt. Untreue fügt dem betrogenen Partner immenses Leid zu und löst beim anderen ein schlechtes Gewissen aus.

7. Das ist das Ende!

Vor meinem geistigen Auge lasse ich die letzten zwei Jahre Revue passieren. Die Vorstellung, dass mein Mann uns endgültig verlässt, habe ich akzeptiert.

Und jetzt? Zwei Jahre nach der Trennung, kurz nachdem ich ihm gesagt hatte, dass ich rechtliche Schritte einleiten wolle, ist er zu uns zurückgekommen. Ich habe mich so gefreut! Zwar hatte ich immer einen leisen Hoffnungsschimmer gehabt, dennoch war seine Rückkehr eine große Überraschung.

„Ich frage mich, warum du zurückgekommen bist …", sage ich zu meinem Mann während unseres Winterurlaubs. Vom ersten Tag seiner Rückkehr an fühle ich mich erniedrigt und unter Druck gesetzt. *Hat er mir auch nur ein einziges nettes Wort gesagt? Ich glaube nicht. So hatte ich mir das nicht vorgestellt.* Er antwortet mir: „Dieselbe Frage stelle ich mir auch. Ich denke, dass es ein Fehler war zurückzukommen. Ich habe den Eindruck, dass du immer noch dieselbe bist. Diesmal werden wir uns für immer trennen!"

Seine Antwort trifft mich wie ein Schlag ins Gesicht. Mein Kopf dröhnt. Verzweifelt flüchte ich mich ins Schlafzimmer. Mir wird bewusst, dass wir jetzt an einem Punkt angelangt sind, an dem es kein Zurück mehr gibt. Wir werden nicht zusammen alt werden. *Waren all meine Bemühungen umsonst? Wie werde ich das unseren Freunden beibringen? Was habe ich falsch gemacht? Gibt es noch eine Zukunft für mich? Werde ich das Glück wiederfinden?* Wieder mischen sich Enttäuschung und Wut in meinem Kopf. Dass es mir nicht gut gehe, wäre zu milde gesagt. Ich fühle mich abgewiesen – weggeworfen, um genau zu sein. Es ist aus und vorbei; ich muss mich ein für alle Mal damit abfinden.

Um den Schock abzumildern, versuche ich die Dinge rational zu betrachten und sie zu relativieren. Nach einiger Zeit bin ich Expertin auf diesem Gebiet geworden: *Vielleicht gefiel ihm unser Urlaubsort nicht? Oder die Umgebung, die Infrastruktur oder das Wetter? An mir lag es nicht – oder vielleicht doch? Kann ich unsere Partnerschaft noch retten? Und wenn ich mich erneut bei ihm entschuldigen würde für mein … angeblich unangebrachtes Verhalten?* Ich setze alles daran, um meinen Mann davon zu überzeugen, dass wir es trotz allem schaffen könnten. Doch er bleibt bei seiner Meinung. Er habe genug von alledem, es sei vorbei. Schließlich muss ich den Tatsachen ins Auge sehen, so brutal es auch sein mag: Mein Mann möchte mich endgültig loswerden – je schneller, desto besser!

Die Verleugnung der Realität

Werden wir mit der harten Realität konfrontiert, reagieren wir meistens instinktiv darauf. Das klingt in etwa so: „Ich kann es nicht glauben, dass meine Frau mich verlässt, um ‚sich selbst zu verwirklichen'! Bestimmt ist das nur eine kurzzeitige Laune. Bald wird sie zurückkehren, um sich wieder ihren Aufgaben als Mutter zu widmen."

Manche Geschiedene weigern sich, der Wahrheit ins Auge zu sehen und leben weiterhin so, als ob sie noch immer einen Partner hätten. Das Nichtakzeptieren der Trennung kann unsere Gesundheit beeinträchtigen und uns jeglicher Lebensfreude berauben.

Ein Schutzmechanismus

Verleugnung ist ein Schutzmechanismus, der bei einem Schock, einem schmerzhaften Erlebnis, das uns unvorbereitet trifft, automatisch aktiviert wird. In solch einem Moment sind wir nicht imstande, die Realität auszuhalten. Doch das ist nur eine vorübergehende Phase. „Dieser Zustand kann mehrere Tage andauern. Hält er jedoch mehrere Wochen an, ist das krankhaft. Solange ein Mensch in diesem Zustand verharrt, kann der innere Heilungsprozess nicht beginnen."[4]

Einer der schwersten Momente

Es ist wichtig, das Ausmaß des Schmerzes ernst zu nehmen. Wir müssen den Verlust unseres Partners akzeptieren. Dies stellt einen der schwierigsten Momente im Scheidungsprozess dar. Es fühlt sich an, als werde uns der Boden unter den Füßen weggezogen; oder, wie es mir erging, als würde ich bei meiner eigenen Amputation zusehen.

Ich hatte noch keinen Frieden, keine Rast, keine Ruhe,
da brach schon der nächste Sturm los.
Hiob 3,26 (NL)

Um eine Partnerschaft einzugehen, sind zwei Willensäußerungen notwendig, doch um die Partnerschaft zu beenden, genügt der Wunsch eines Partners. Diese Tatsache müssen wir akzeptieren.

Ein Neuanfang

Diese Entscheidung zu akzeptieren und aufzuhören, sich innerlich dagegen aufzulehnen, ist zweifelsohne ein unsagbar schmerzhafter, doch notwendiger Moment. Er markiert einen Wendepunkt, an dem der Heilungsprozess beginnt. Selbst wenn wir die Entscheidung unseres Partners akzeptieren und ihm die Freiheit gewähren, haben wir dennoch das Recht, mit seiner Wahl nicht einverstanden zu sein und unserem Eheversprechen treu zu bleiben.[5]

8. Ohrenbetäubende Stille

Nach unserer Rückkehr aus dem Winterurlaub steht fest, dass wir uns scheiden lassen werden. Es ist Sonntagnachmittag – eine dieser schwer erträglichen Zeitspannen. Wir haben uns nichts mehr zu sagen. Mein Mann macht einen Spaziergang, während ich ein Buch lese und auf den Besuch eines befreundeten Ehepaares warte.

Um sechzehn Uhr sind sie da. Mein Mann bedient sie; er serviert Kaffee und Kekse. Dabei verliert er kein einziges Wort über unsere Situation. Unsere Gäste ahnen nicht im Geringsten, dass sie uns sicherlich zum letzten Mal zusammen sehen. Die Unterhaltung bleibt oberflächlich. Ich versuche ein wenig präsent zu sein. Mein Mann wird gewiss die Verantwortung übernehmen und unsere endgültige Trennung ansprechen. Oder unsere Freunde werden uns zu diesem Thema hinführen, indem sie sich erkundigen, wie es uns gehe oder was uns momentan beschäftige. Sie werden mich zumindest fragen, was mit mir los sei, warum ich so blass bin. Doch nichts dergleichen passiert. Ich fühle mich wie im falschen Film. Meine seelische Verfassung lässt meinen Mann völlig unbeeindruckt. Seine ganze Aufmerksamkeit – so scheint es – ist allein der Gemeinschaft mit unseren Freunden gewidmet. Ich bin unfähig zu agieren.

Im Nachhinein ärgere ich mich darüber, das Spiel mitgespielt zu haben, und wenn es nur durch mein Schweigen war. *Schäme ich mich für meine Lebenslage? Bin ich zu schwach, um authentisch zu sein?*

Ehrliche Kommunikation

Wenn wir uns nicht trauen Fragen zu stellen, die kursierenden Gerüchte anzusprechen oder über unsere Lebenslage zu reden, kann dadurch unser Kummer noch verschlimmert werden. Wir meinen, unsere Freunde ahnen, was los ist. Das muss nicht sein. Manchmal würden unsere Freunde auch gerne das Thema anschneiden, doch sie wissen nicht, wie sie das anstellen sollen. Sie haben Angst uns zu verletzen und wollen nicht indiskret sein.

Ich persönlich wäre dankbar gewesen, wenn meine Freunde mich einfach gefragt hätten, ob mir danach sei, über mein Privatleben zu sprechen.

Wir können unsere Freunde und Bekannten nicht verändern. Allerdings können wir uns selbst unverstellt und authentisch verhalten und sie mit dieser Einstellung zu einem offenen und ehrlichen Gespräch animieren.

Unseren gesamten Bekanntenkreis zu informieren und ihnen sämtliche Details unserer Scheidung mitzuteilen, ist vielleicht nicht sehr weise. Allerdings dürfen wir auch nicht heuchlerisch sein und so tun, als ob nichts wäre, sondern müssen die Wahrheit sagen. Auch wenn der erste Schritt schwerfällt, ist es sowieso nur eine Frage der Zeit, bis unsere Freunde und Bekannten von der Trennung erfahren.

9. Mein Hilfeschrei

Ich sitze im Auto, das ich vor der psychiatrischen Klinik geparkt habe. Meine Lebensumstände erdrücken mich. Meine Gefühle habe ich nicht mehr unter Kontrolle, ich ertrage sie nur noch. Ich bin dermaßen verwirrt, dass ich nicht in der Lage bin, konstruktive Entscheidungen zu treffen. Mein Mann hat mich für immer verlassen. Ich bin völlig niedergeschlagen und habe Angst, den Boden unter den Füßen zu verlieren. Ich fühle mich absolut hilflos und gerate in Panik.

Soeben habe ich mich ans Steuer gesetzt, ohne zu wissen wohin ich fahren würde. Zu Hause kriege ich nichts mehr auf die Reihe. Ich habe mich mit einer meiner Töchter gestritten. Sie hat mir tausend Fragen gestellt: *Wie kommt es, dass Papa dich verlassen hat?* Das war zu viel für mich. In dieser Situation brauche ich Hilfe. Im ersten Moment wollte ich meinen Mann anrufen, bevor ich merkte, dass das offensichtlich nicht mehr möglich ist.

Der Gipfel von alledem: Vor Kurzem habe ich ihn wiedergesehen. Vorgestern traf ich ihn in einem Geschäft, in das er nie zuvor seinen Fuß gesetzt hatte – bis heute. Denn der Supermarkt befindet sich in der Nähe von *ihrer* Wohnung. Ich male mir aus, wie die beiden beim Abendessen in vertrauter Zweisamkeit gemütlich zusammensitzen, während ich darum kämpfe, gerade so den Kopf über Wasser zu halten und nicht unterzugehen. Diese ganzen Umstände überfordern mich. Ich sehe keinen Ausweg. Deshalb stehe ich nun vor dieser Klinik. *Soll ich darum bitten, hier aufgenommen zu werden, um Abstand zu gewinnen?*

Ich sehe nur meine Wenigkeit und die Sackgasse, in der ich stecke. Ich habe Angst den Verstand zu verlieren. Also rufe ich meinen Bruder an. Mit Autorität und ohne mich zu schonen, sagt er zu mir: „Christine, du musst jetzt für deine Kinder da sein. Hör auf dich selbst zu bemitleiden. Kümmere dich um sie!" Seine Worte bringen Ordnung in meine verworrenen Gedanken. Auf einmal sehe ich die Dinge klarer, auch wenn meine Probleme nicht gelöst sind. Es fühlt sich an, als wäre eine Last von meinen Schultern abgefallen. Noch weiß ich nicht, wie mein Weg weiter verlaufen wird, doch den nächsten Schritt erkenne ich eindeutig: Ich muss meine Aufgaben als Mutter wieder gewissenhaft übernehmen.

Momente der Hoffnungslosigkeit

Manchmal gehen wir durch Zeiten völliger Orientierungslosigkeit, sodass wir nicht in der Lage sind, rational zu denken und uns zu konzentrieren. Das Ohnmachtsgefühl nimmt überhand. Wir verlieren sogar die Freude am Leben. Ununterbrochen denken wir an den Partner, den wir verloren haben. Dieses Gefühl kann von körperlichen Symptomen wie Weinkrämpfen, Panikattacken und Schmerzen jeglicher Art begleitet werden. Das Gefühl von Ohnmacht und Panik kann eine gewisse Zeit andauern.

Bitten Sie um Hilfe

Statten Sie unverzüglich Ihrem Hausarzt einen Besuch ab. Rufen Sie Freunde an, auf die Sie zählen können. Suchen Sie Kontakt zu Menschen, die solche Situationen bereits durchgemacht haben. Schreiben Sie uns eine E-Mail (die Adresse finden Sie auf Seite 169).

Die Entscheidung, meinen Bruder anzurufen, war meine Rettung. Ich konnte mich auf seine Überzeugung stützen, dass es für mich und für unsere Familie noch Hoffnung gab. Mit wenigen Worten hat er mich wieder auf Kurs gebracht.

*Von allen Seiten werden wir von Schwierigkeiten
bedrängt, aber nicht erdrückt. Wir sind ratlos, aber
wir verzweifeln nicht. Wir werden verfolgt, aber Gott
lässt uns nie im Stich. Wir werden zu Boden geworfen,
aber wir stehen wieder auf und machen weiter.*

2. Korinther 4,8-9 (NL)

Ein tödlicher Cocktail

Wer an seine Grenzen gekommen ist, läuft Gefahr, sich selbst oder anderen gegenüber aggressiv zu reagieren. Die Zeitungen berichten von verschiedenen abscheulichen Taten. Ein Familienvater hat nach der Scheidung seine Kinder getötet – aus Angst, sie zu verlieren. Anschließend nahm er sich selbst das Leben. Dies ist ein Extremfall, doch wer hat noch nicht von telefonischen Belästigungen gehört oder von einer Anzeige beim Kinderschutzdienst, die lediglich mit der Absicht eingereicht wurde, dem Elternteil zu schaden, das das Sorgerecht für die Kinder hat?

Ich kann mir vorstellen, dass es sich hierbei um Verzweiflungstaten handelt, die einer abgrundtiefen Enttäuschung entspringen, ohne einen Ausweg oder eine Lösung zu sehen. Entscheidungen, die gravierende Konsequenzen nach sich ziehen, werden häufig im Affekt getroffen, nachdem man in Panik geraten ist. Wenn wir verzweifelt sind, dürfen wir uns nicht von anderen abschotten und müssen es uns verbieten, überstürzte Entscheidungen zu treffen.

10. Ich bringe Klarheit in meine Situation

Was mich beunruhigt, sind die ungeklärten Fragen, die nach wie vor bestehen:

Um die hohen Rechnungen kümmert er sich. *Und die anderen?* Nun, genau das würde ich gerne wissen ... Die Kinder fahren ins Ferienlager – *wer bezahlt?* Einer meiner Töchter steht eine größere Anschaffung bevor. *Soll ich sie in mein Haushaltsbudget einkalkulieren?* Des Weiteren besteht Unklarheit bezüglich der Zeiten, die meine Teenagertöchter mit ihrem Vater verbringen. Mein Mann lebt in einer kleinen Wohnung. *Soll ich zu ihrem Wohl vorschlagen, ihnen für die gemeinsamen Wochenenden das Haus zu überlassen?* Doch wohin werde ich dann gehen?

Inmitten all der ungeklärten Fragen fühle ich mich sehr verletzlich. Ich möchte, dass die Dinge richtig geregelt werden, doch dazu bedarf es eines klaren und präzise definierten Rahmens. Da ich mit meinem Anliegen weiterkommen möchte, kontaktiere ich eine Anwältin.

Als mein Mann von meinem Vorgehen erfährt, nimmt er mir das übel. Für ihn kommt es beinahe einer Kriegserklärung gleich. Wenn ich den Wunsch habe, dass er zurückkommt (was immer noch der Fall ist), dann bin ich vielleicht im Begriff, genau das Gegenteil von dem zu tun, was ich eigentlich tun sollte. Die Anwältin versichert mir: „Hören Sie auf zu kämpfen, Frau Koenig. Sie müssen Ihre Kräfte schonen. Für Sie ist es nun an der Zeit, sich hinter meinem Rücken zu bergen." Diese Frau ist etwa ein Meter achtzig groß. Das ist praktisch und ich stelle fest, dass sie recht hat. Sie hilft uns ein Besuchsrecht und eine finanzielle Regelung festzulegen. Ich bin überrascht, wie groß meine Erleichterung ist, die sich dadurch einstellt. Auch für meinen Mann werden die Folgen seiner Entscheidung klarer.

Indem ich mit professioneller Hilfe meinen Verantwortungsbereich und meine Grenzen definiere, trete ich aus meiner Opferhaltung heraus. Nun weiß ich, wie viel ich jeden Monat ausgeben kann, wann meine Kinder bei mir und wann sie bei ihrem Vater sein werden. *Warum habe ich nur so lange gezögert, diese Fragen zu klären?*

Verlieren Sie keine Zeit

Zögern Sie nicht, rechtliche Schritte einzuleiten in der Hoffnung, dass der Partner zurückkommt. Durch andauernde Konflikte besteht die Gefahr, dass sich das schlechte Verhältnis zwischen Ihnen verschlimmert. Der Partner, der Sie verlassen hat, muss die Konsequenzen seiner Entscheidung klar erkennen. Wenn die Ehe tatsächlich zerbricht, sind die rechtlichen Angelegenheiten, die für ein endgültiges Scheidungsverfahren erforderlich sind, bereits zur Hälfte erledigt.

Ein guter Ansprechpartner

- Suchen Sie sich einen Anwalt, dem eine einvernehmliche Lösung wichtig ist.
- Betrachten Sie ihn nicht als Ihren Therapeuten. Das ist nicht seine Aufgabe.
- Versuchen Sie nicht, ihn davon zu überzeugen, sich auf Ihre Seite zu stellen, indem Sie schlecht über Ihren Partner sprechen. Halten Sie sich bei der Beschreibung der Situation an die Fakten. Die Frage nach der Verantwortung (wer wollte die Trennung?) ist für ihn irrelevant.
- Der Anwalt wird Sie ausgehend von den Informationen, die Sie

ihm geben, beraten. Doch die Entscheidungen bleiben Ihnen überlassen.

Lassen Sie sich nicht von Ihren Gefühlen leiten

Von unseren Gefühlen überwältigt, kann es passieren, dass wir im Affekt unseren Anwalt in eine ungünstige Richtung drängen. Dies kann durch folgende Emotionen geschehen:

• Wunsch nach Vergeltung.

• Überstürzte Entscheidungen: Wir sagen zu allem Ja, um dem Albtraum ein Ende zu setzen.

• Der Wunsch, alle Verbindungen abzubrechen: „Ich möchte keinen Cent mehr von ihm bekommen!" Achtung! Wir berauben dadurch auch unsere Kinder.

Mit Unterstützung eines Anwalts können wir realistische Erwartungen festlegen.

Treffen Sie präzise Vereinbarungen

Unsere finanziellen Angelegenheiten müssen wir unmissverständlich regeln, damit das Geld nicht zu einer Konfliktursache wird. Es wäre bedauerlich, wenn ein Kind zu hören bekommt: „Deine Mutter muss das allein bezahlen, schließlich war es ihr Wunsch, dass du den Schwimmkurs belegst." Dabei müssen wir auch die höheren Kosten einkalkulieren, die in Zukunft (beispielsweise durch ein Hochschulstudium) entstehen werden. Die Wahrscheinlichkeit ist groß, dass der Expartner die Kosten nicht mittragen wird, sobald er eine neue Familie gründet. Unser Ziel muss darin bestehen, eine für unsere Kinder, für uns selbst und für unseren Expartner anwendbare Lösung zu finden.

Eine Ermutigung zur Ausdauer

Als ich eines Tages mitten in Paris unterwegs bin, verfahre ich mich.

Nachdem ich einige Runden gedreht habe, weiß ich überhaupt nicht mehr, wo ich mich befinde. Ich gerate in Panik. Nicht nur in der Stadt habe ich mich verirrt ... sondern auch in meinem Leben. *Wo bin ich hier gelandet? Mal sehen ...* vor dem Haus von Marie Curie! Ich traue meinen Augen nicht und begreife, dass Gott mich auf diese Weise ermutigen möchte durchzuhalten.

Als Jugendliche habe ich Marie Curies Lebensgeschichte für mich entdeckt. Seitdem ist diese Frau ein inspirierendes Vorbild für mich. Marie Curie stellt für mich die personifizierte Ausdauer dar. Die Allgemeinheit sieht in ihr eine renommierte Wissenschaftlerin, doch es ist ihre Lebensgeschichte, die wirklich Respekt abverlangt. Dass sie es so weit gebracht hat, verdankt sie ihrem Mut und ihrer Entschlossenheit.

Marie Curie wird 1867 in Polen geboren. 1891 geht sie nach Paris, wo sie sich an der Sorbonne für das Studium der Mathematik, Physik und Chemie einschreibt. Zunächst wohnt sie bei ihrer Schwester und ihrem Schwager, danach teilt sie sich eine kleine Wohnung mit anderen Studentinnen. Häufig beschränken sich ihre Mahlzeiten auf Brot, Butter und Tee.

1895 heiratet sie den Physiker Pierre Curie. Marie und Pierre widmen ihr Leben der Forschung und entdecken das Radium und das Polonium, das nach Maries Heimatland benannt wurde. Trotz ihrer herausragenden Forschungsarbeiten ist ihr Arbeitsplatz ein Schuppen, dem es an jeglichem Komfort fehlt. Marie und Pierre kommen gerade so über die Runden. Um für ihre beiden Töchter sorgen zu können, müssen sie Lehrveranstaltungen halten. 1903 werden sie mit dem Nobelpreis für Physik ausgezeichnet. Im selben Jahr erhält Marie ihren Doktortitel. Das Ehepaar arbeitet unermüdlich weiter und macht zahlreiche Entdeckungen, darunter auch die Radioaktivität.

1906 werden die Forschungsarbeiten des Paares durch einen tragischen Unfall jäh unterbrochen. Pierre wird von einer Pferdekutsche überrollt und verunglückt tödlich. Trotz ihres unsäglichen Leides ist Madame Curie entschlossen, die von ihrem Ehemann begonnenen Forschungsarbeiten mit noch mehr Elan fortzusetzen. Sie übernimmt den Lehrstuhl ihres Ehemannes an der naturwissenschaftlichen Fakultät der Pariser Universität. Damit ist Marie Curie die erste Frau, die an der Sorbonne lehrt. Madame Curie erhält als erste Frau den Nobelpreis für Physik. Doch was noch außergewöhnlicher ist: Sie bekommt ihn 1911 ein zweites Mal, diesmal für Chemie. Ihre weiteren Forschungsarbeiten bilden die Grundlage für den Einsatz von Radium in der Krebstherapie. Ihre Arbeiten werden zum Wegbereiter für die Strahlentherapie.

Angesichts ihrer schwierigen Lebensumstände und dem frühzeitigen Tod ihres Ehemannes hätte Marie Curie viele Argumente gehabt, um ihr Studium und ihre Forschungsarbeiten aufzugeben; sie war durch nichts dazu verpflichtet weiterzumachen. Dennoch setzte sie die Arbeit mit jahrelanger Ausdauer fort, bis sie die erhofften Ergebnisse erhielt.

Dank ihres Durchhaltevermögens hat sie einen bemerkenswerten Beitrag für die Gesellschaft geleistet, um bis heute vielen Menschen das Leben zu retten. Sie hat ihre eigenen Grenzen überschritten.

Auch wir Geschiedene müssen über uns selbst hinauswachsen. Aus der Not heraus sind wir gezwungen, Neues zu lernen und die Dinge in Angriff zu nehmen, die der ehemalige Partner nicht mehr übernimmt. Dabei werden wir ungeahnte Talente entdecken.

II – Ein neuer Freundeskreis

Eine Scheidung hat tief greifende Folgen für unseren Freundeskreis.
Bei mir war dies der am meisten unterschätzte Aspekt der Scheidung, bevor ich selbst davon betroffen war.

11. Uns fehlt ein Ritual

Die Ehescheidung wird heute um siebzehn Uhr vollzogen. Laut meiner Anwältin wird uns noch einmal die Frage gestellt werden, ob wir geschieden werden wollen. Hier läuft alles sehr zeremoniell ab. Die Richter erscheinen in schwarzen Roben. Mein Mann sitzt zusammen mit seinem Anwalt auf der einen Seite, während ich mit meiner Anwältin auf der anderen Seite Platz nehme. Nach einer kurzen Einführung werden unsere Personalien überprüft.

Darauf folgt, wie erwartet, die entscheidende Frage, die zuerst meinem Mann gestellt wird: „Möchten Sie Ihre Ehe mit Christine Koenig beenden?"

Er antwortet natürlich mit Ja.

Nun wird dieselbe Frage an mich gerichtet. Eigentlich würde ich sie gerne mit Nein beantworten. Die Auflösung unserer Ehe ist nicht das, was ich will, doch ich muss mich der Entscheidung meines Mannes beugen. Ich habe aufgehört zu kämpfen. Die Stille ist erdrückend. Man könnte eine Stecknadel fallen hören. Alle Augen sind auf mich gerichtet. Besonders der Blick meines Mannes ist eindringlich. Es gilt nun dieses Kapitel abzuschließen. Ich beeile mich also, mit einem kurzen und festen Ja zu antworten.

Fünf Minuten später sind wir draußen an der frischen Luft. Mein Ehemann ist nicht mehr mein Ehemann. Mein Familienstand hat sich schlagartig geändert. Er geht nach rechts und ich nach links. Völlig gefühllos kehre ich nach Hause zurück. Ich war gerade bei einer Beerdigung ohne Blumenkränze – der Beerdigung meiner Ehe. Ich fühle mich einsam. Niemand bekundet mir sein „Beileid". Auf einmal wird mir bewusst, dass die Unterstützung einer Freundin mir viel bedeutet hätte. Doch da ich die Belastung dieses Tages unterschätzt hatte, habe ich die Hilfsangebote abgelehnt. Ich hätte eine Art Ritual gebraucht.

Improvisation ist gefragt

In unserer Gesellschaft zählt die Bestattung zu den wichtigen Ritualen, um von einem geliebten Menschen Abschied zu nehmen. Um sich nach einer Scheidung von seinem Partner zu verabschieden, bleiben oft nur private Initiativen und Ideen. Weil es keinen offiziellen Akt gibt, der den Betroffenen hilft, wird improvisiert. Eine von Diana Luczyk gegründete Agentur organisiert Feiern für Geschiedene – analog zu einer Hochzeitsfeier –, um den Beginn eines neuen, verheißungsvollen Lebensabschnittes zu zelebrieren. Allerdings blieb der erhoffte Erfolg aus. In Österreich musste die Scheidungsmesse schließen. In einem Züricher Restaurant stieß das Angebot „besinnlicher Scheidungspartys" auf eine zu geringe Nachfrage.[6]

Offensichtlich ist uns nicht danach, diesen Umbruch im Leben zu feiern. Dennoch müssen wir eine Form finden, wie wir diesen neuen Lebensabschnitt begehen können. Wir brauchen ein Konzept, das die Ehescheidung formell bestätigt: eine Karte, die wir unseren Angehörigen schicken, um sie über unseren neuen Status in Kenntnis zu setzen, ein gemeinsames Essen mit Freunden nach dem Gerichtsverfahren, ein herzlicher Händedruck, Freunde, die uns ihr Mitgefühl äußern etc. All das tut ungemein gut.

Gott ist bei Ihnen

Auf die Scheidung folgt eine komplizierte Trauerarbeit. Das liegt unter anderem daran, dass es kein Ritual gibt, das es uns erleichtern würde, einen neuen Anfang zu machen. Die Kirche ist darin geübt, Menschen zu begleiten, die eine durch den Tod verursachte Trennung verkraften müssen, doch sie hat kein Übergangsritual, das Menschen unterstützt, die infolge einer Ehescheidung trauern.

Herr, du bist meine Stärke und mein Schutz!
In der Bedrängnis fliehe ich zu dir.
Jeremia 16,19 (Hfa)

Nach einer Ehescheidung geht es uns so, als ob das Dach unseres Hauses abgenommen worden wäre; uns fehlt der geistliche Schutz. Im Gebet können wir Gott darum bitten, uns zu beschützen. Außerdem können wir Gott für alles danken, was wir in der Ehe erhalten und erlebt haben, und ihm unseren Expartner anbefehlen.

12. Stigmatisiert

Ich sitze im Wartezimmer. Eine Assistentin überreicht mir freundlich lächelnd ein Formular, das ich ausfüllen soll. Ich weiß, dass die Fangfrage auftauchen wird. Die unliebsame Frage: „Familienstand?" Erneut ein beschämender Moment.

Ledig, verwitwet, verheiratet – jede dieser drei Optionen wäre mir lieber als das Kästchen, das ich angekreuzt habe ...

Was passiert mit mir? Wenn ich meinen Familienstand erwähne, fühle ich mich sofort verurteilt: „Wenn Ihr Mann Sie verlassen hat, traf er diese Entscheidung gewiss nicht unüberlegt. Er muss wirklich gute Gründe gehabt haben." Jeder scheint der Ansicht zu sein, das Scheitern unserer Ehe sei auf mein Versagen zurückzuführen.

Wenn ich über meine Scheidung spreche, entsteht oft eine unangenehme Stille – so, als ob nichts geschehen wäre. Doch ich habe den Verdacht, dass die Scheidung der Koenigs für angeregte Diskussionen in den Teestuben der Region gesorgt hat. Also trete ich den Feldzug an. Ich versuche mich zu rechtfertigen. Meinem Umfeld versuche ich zu beweisen, dass ich für das, was mir passiert ist, nicht verantwortlich bin. Von meinen Freunden will ich wissen, warum sie den Kontakt zu meinem Exmann nicht abbrechen. Und ich kann mir denken, dass er die gleiche Mühe aufgebracht hat. Als geschiedene Frau fühle ich mich stigmatisiert.

Dank einer unverhofften Begegnung kann ich meine Gedanken wieder ordnen. Bei einer Fortbildung lerne ich eine adrette und fröhliche Dame kennen. Im Gespräch vertraut sie mir an, dass sie geschieden sei. Ihr Mann habe sie wegen ihrer besten Freundin verlassen. Im Gegensatz zu mir regt sie sich darüber nicht auf.

„Nein, weißt du, ich schäme mich überhaupt nicht. Was solls, er hat mich eben verlassen. Ehrlich gesagt kenne ich seine Beweggründe nicht genau. Seine Entscheidung ist für mich nicht nachvollziehbar und ich habe keine Lust, mir beim Versuch, das zu verstehen, den Kopf zu zerbrechen. Es ist eben seine Entscheidung."

Das Gespräch mit dieser Frau tut mir gut. Mir fällt auf, dass sie sich nicht durch falsche Schuldgefühle herunterziehen lässt.

Obwohl es schmerzhaft ist, lässt sie ihren Mann sein Leben weiterführen, ohne sich andauernd Selbstvorwürfe zu machen. Ihre Scheidung hat ihre Selbstachtung nicht gemindert; oder aber sie hat den Tiefpunkt überwunden. Wie dem auch sei, sie ist von ihrem Selbstwert überzeugt.

Die Neugierde der Verwaltung

In Deutschland werden jedes Jahr um die 170 000 Ehen geschieden. „Die meisten [Geschiedenen] empfinden es als eine Verletzung ihrer Privatsphäre oder fühlen sich gekränkt, bei bürokratischen Angelegenheiten regelmäßig ihren Familienstand angeben zu müssen", sagt der Genfer Nationalrat Antonio Hodgers.[7] Dagegen scheint die Formulierung „nicht verheiratet", die immer häufiger vorkommt, unserem Anspruch genau zu entsprechen.

Verleumdung

In vielen Fällen schadet der Partner, der die Scheidung initiiert hat, dem Ruf des anderen. Er stellt Behauptungen auf und „verkauft" sie als Tatsachen, obwohl er weiß, dass sie falsch sind. Damit lässt er den verlassenen Partner in einem schlechteren Licht erscheinen. Durch diese typisch menschliche Vorgehensweise versucht er sich selbst zu rechtfertigen und sich von den eigenen Schuldgefühlen zu befreien.

Echte Schuld und falsche Schuldgefühle

Ich halte es für wichtig, zwischen echter Schuld und falschen Schuldgefühlen zu unterscheiden. Das Empfinden von Schuld ist eine gesunde Reaktion, die darauf hinweist, dass wir gegen unser Gewissen gehandelt oder gegen die Lebensprinzipien unseres Schöpfers verstoßen haben. Schuldgefühle erinnern uns daran, dass wir fehlbare Menschen sind und dass wir – auch als Verlassene – Fehler begangen haben. Schuldgefühle machen uns erneut bewusst, dass wir Gottes Vergebung und, wenn möglich, die Vergebung von Menschen brauchen (siehe Kapitel 35).

Doch nachdem wir diese Phase durchschritten haben, sind falsche Schuldgefühle und die damit einhergehende Scham giftige Gefühle, die uns die Flügel beschneiden.

Um emotional gesund zu werden, ist es wichtig, sich selbst als Geschöpf Gottes anzunehmen. Wenn ich weiß, dass Gott mir vergibt, mich liebt und annimmt, so wie ich bin, kann ich die Schamgefühle überwinden.

13. Begleitverluste

Bitte legen Sie Ihren Sicherheitsgurt an!"
Gleich wird das Flugzeug abheben. Durch die Enge lässt sich der Körperkontakt zu meiner Sitznachbarin nicht vermeiden, doch zum Glück ist es meine Freundin, mit der ich gemeinsam verreise. Wir haben einen günstigen Flug gebucht, um zusammen Urlaub zu machen. Für mich ist das der erste Flug seit der Änderung meines Familienstandes.

Beim Brummen der Motoren, das mich in den Schlaf wiegt, und dem Gefühl zu schweben möchte ich mich ein wenig ausstrecken. *Mist!* Der Sitz lässt sich nicht verstellen. Meine Gedanken schweifen ein wenig ab. Keine Stewardess, die uns bedient. Kein Champagner. Die Umstände haben sich deutlich geändert. Gedanklich reise ich drei Jahre in die Vergangenheit zurück. Mein Mann hat gerade einen großen beruflichen Erfolg verbucht. Dies erforderte hohen Einsatz, bedeutet aber auch Belohnungen. An seiner Seite genieße ich *All-inclusive*-Reisen. Ich gewöhne mich an Hotels der gehobenen Klasse, Theatervorstellungen und Konzerte. Das sind wahre Luxusreisen.

Einmal sind wir in der First Class gereist. Als wir den Passagierraum betraten, der keinerlei Ähnlichkeit hatte mit all dem, was ich zuvor gesehen hatte, war ich mir sicher, dass man uns die falschen Plätze zugewiesen hatte. Ich wandte mich an die Stewardess mit der Bitte, unsere Flugtickets zu überprüfen. Sie nickte dezent mit dem Kopf: „Doch, Sie sind hier richtig!" Das Bordpersonal las uns unsere Wünsche von den Augen ab, noch bevor wir sie ausgesprochen hatten. Nach einem hervorragenden Essen genehmigte ich mir ein kleines Nickerchen in meinem Sessel – es war ein ganz besonderes Gefühl. Diese Reise war das Geschenk des Unternehmens an meinen Exmann für seine herausragenden beruflichen Leistungen.

Zurück in die Gegenwart. Eingepfercht zwischen den Vordersitzen und der Sitzreihe hinter mir, kämpfe ich mit dem Sitz, der so hart ist, dass ich alle fünf Minuten meine Sitzhaltung ändern muss, um Druckschmerzen zu vermeiden.

Bin ich ein anderer Mensch geworden? Die Zeiten der *All-inclusive*-Reisen in der First Class sind vorbei! Die Bilderbuchfamilie existiert nicht mehr. Ich habe mich zwar als Person nicht verändert, doch die Umstände sind wahrlich nicht mehr dieselben. Ich habe den Eindruck, dass die Menschen um mich herum mich anders wahrnehmen. Ich habe immer noch dieselben Stärken und Schwächen wie zuvor, aber nun bin ich nicht mehr die Ehefrau des Direktors. Habe ich an Wert eingebüßt?

Vielseitige Folgen

Die Scheidung zieht vielseitige Verluste nach sich, derer wir uns nicht immer sofort bewusst werden. Die Veränderungen können so gravierend sein, dass wir den Eindruck bekommen, unsere Identität zu verlieren.

- Man verliert seinen Status. Nun ist man nicht mehr „Die Ehefrau von …“ oder „Der Ehemann von …“.
- Die finanzielle Situation verändert sich. Das kann vielleicht bedeuten, das früher gemeinsam bewohnte Haus verlassen und eine Arbeit aufnehmen zu müssen und weniger Zeit für die Kinder zu haben. Die Scheidung vom Ehepartner stellt die Hauptursache für weibliche Armut dar. Auch viele Männer geraten in eine finanzielle Notlage.

- Man verliert manche der gemeinsamen Freunde. Als Alleinstehender erhält man seltener Einladungen.
- Als Alleinstehender vermisst man die warme, einladende Atmosphäre, die einen bei seiner Rückkehr von der Arbeit zu Hause erwartet und den Genuss des gemeinsamen Abendessens zu zweit oder als Familie.
- Als alleinlebende Frau fühlt man sich möglicherweise verletzlicher, weil ein Beschützer fehlt – in menschlicher und geistlicher Hinsicht.
- Als Großeltern freute man sich daran, zusammen mit dem Partner die Enkel zu betreuen. Doch von nun an macht es jeder für sich.
- Möglicherweise muss man von den Diensten, die man in der Gemeinde übernommen hat, zurücktreten. Viele Geschiedene berichten, dass sie nach der Scheidung nicht mehr als Musiker wirken durften oder den Gemeindevorstand verlassen mussten.

Es ist wichtig, sich all diese Begleitverluste bewusst zu machen und auch die Traurigkeit zu akzeptieren, die durch sie ausgelöst wird. Eins steht fest: Gott lässt mich nicht fallen! Ich bleibe seine geliebte Tochter bzw. sein geliebter Sohn, der/dem seine volle Aufmerksamkeit gilt.

14. Von annehmbaren Herausforderungen und solchen, die wir vermeiden sollten

Ich bin zur Hochzeit meiner Nichte eingeladen. Verwandte, Freunde – alle werden da sein. *Aber werde ich mich inmitten all der glücklichen Paare nicht einsam fühlen?*

Es klingt verlockend, einfach abzusagen, doch ich liebe diese Nichte sehr und ihre Hochzeit liegt mir am Herzen. *Aber wo werde ich übernachten?* Niemand hat mir eine Übernachtungsmöglichkeit angeboten und von der Idee, eine Nacht allein im Hotel zu verbringen, bin ich nicht wirklich angetan. Also wende ich mich mit meinen Gefühlen an Gott: Angst, allein zu sein – verloren in der Menschenmenge; die Enttäuschung darüber, dass ich nicht eine meiner Töchter (Cousine der Braut) anstelle meines Mannes einladen konnte; Angst vor den Blicken anderer Leute, die mir zu verstehen geben: „Ah, da ist die arme Christine!" Ich beklage mich bei Gott, da ich mich schwach und unverstanden fühle. Nachdem ich alle meine Emotionen vor Gott zum Ausdruck gebracht habe, gewinne ich den Eindruck, dass Gott möchte, dass ich zu dieser Hochzeit gehe. Er verspricht mir, dass er mich begleiten und unterstützen wird.

Im Verlauf der Feier stelle ich fest, dass ich bei Weitem nicht der einzige ledige Gast bin. Ich lerne eine Frau kennen, die seit Kurzem verwitwet ist, und unterhalte mich einige Zeit mit ihr. Auch sonst bin ich nicht einsam: Spontan biete ich mich an, beim Servieren des Empfangscocktails zu helfen, weil dafür noch Hände gebraucht werden. Ich freue mich für meine Nichte, die einen liebevollen Mann geheiratet hat.

Letztendlich ist es leichter, als ich es mir vorgestellt hatte. Ich amüsiere mich köstlich und hätte diese fantastische Hochzeit auf keinen Fall verpassen wollen. Als ich die Feier verlasse, bin ich stolz darauf, Gott vertraut und meine Ängste überwunden zu haben.

Sich selbst schützen

Das Singleleben hält zahlreiche knifflige Situationen bereit, die uns eine gewisse Anstrengung abverlangen.

Die Hochzeit meiner Nichte bedeutete für mich zweifellos eine Herausforderung, die ich annehmen wollte. Dafür wurde ich reich belohnt. Jede gemeisterte Aufgabe macht uns stärker.

Doch es gibt auch Situationen, die uns überfordern: Während eines Hotelaufenthaltes mit meiner Mutter verbringe ich lange Abendstunden allein in meinem Schlafzimmer. Reflexartig schalte ich den Fernseher ein. Nach wenigen Minuten sinkt mein Gemütszustand in den Keller. Es läuft ein Liebesfilm. Ich vergleiche mich mit diesem Paar – die haben es gut! So wird aus einem ruhigen Abend ein Abend des Selbstmitleids angesichts meines jämmerlichen Schicksals.

Am nächsten Tag wird mir bewusst, dass ich mir eine andere Abendbeschäftigung hätte suchen können. Dieser Film hat mir eine Utopie vorgeführt – eine Herausforderung, die ich hätte umgehen können. Außerdem muss ein Fernseher, auch wenn er in meinem Zimmer steht, nicht meinen Tagesplan diktieren. Ein gutes Buch, Schwimmen gehen oder eine Gebetszeit wären besser für mich gewesen.

Kluge Entscheidungen treffen

Wir müssen lernen, zwischen Situationen, denen wir uns stellen müssen und solchen, die es zu vermeiden gilt, zu unterscheiden. Für uns Geschiedene ist es wichtig, uns nicht zusätzliche und unnötige Schwierigkeiten zu schaffen. Dies gilt insbesondere dann, wenn die Trennung noch nicht lange zurückliegt. Um zu verstehen, ob ich eine Herausforderung in Angriff nehmen oder sie vermeiden soll, frage ich Gott um seinen Rat.

Wenn es jemandem von euch an Weisheit fehlt, soll er Gott darum bitten, und Gott wird sie ihm geben. Ihr wisst doch, dass er niemandem seine Unwissenheit vorwirft und dass er jeden reich beschenkt.

Jakobus 1,5 (Hfa)

15. Allein, aber kein Einzelgänger

Allein wie ... jenen Sonntag, als ich beschloss, mein schönes rosafarbenes Kleid anzuziehen, um zum Gottesdienst zu gehen. Leider schaffe ich es nicht, die vielen kleinen Knöpfe auf dem Rücken zuzumachen. Ohne nachzudenken verlasse ich in meinem halb offenen Kleid das Haus. Ich werde die erste Person, die ich in der Kirche treffe, bitten, die Knöpfe an meinem Kleid zu schließen. Der Ehemann einer Bekannten kommt zeitgleich mit mir dort an. Ich begrüße ihn, deute auf meinen Rücken und bitte ihn um Hilfe. Er reagiert mit starker Zurückhaltung. Später erklärt mir seine Frau, dass er aus einem muslimischen Hintergrund kommt und meine Bitte ihm deshalb zu weit gegangen ist. Beim nächsten Mal werde ich gründlicher nachdenken, bevor ich wahllos irgendjemanden um Hilfe bitte.

Ein Einzelgänger wie ... in dem Moment, als mir auffällt, dass ich noch keinen Plan für Silvester habe. In fünf Tagen beginnt das neue Jahr.

In den letzten Jahren wurde ich zusammen mit meinem Mann von befreundeten Ehepaaren eingeladen. Erneut stehe ich vor einer Entscheidung: entweder mich selbst bemitleiden oder aktiv werden.

In meinem Adressbuch suche ich die Kontaktdaten einiger Alleinstehender heraus und lade sie zu einem gemütlichen Abend bei mir ein: „Essen, Spiele und Film" schreibe ich als Programmvorschlag auf kleine Einladungskarten, die ich an sie verschicke. Wenig später erhalte ich sieben Zusagen. Wir verbringen einen schönen Silvesterabend miteinander.

An diesem Abend fühle ich mich weder einsam noch innerlich

leer. Ich freue mich, dass ich die Initiative ergriffen habe. Mithilfe der Gnade Gottes ist es mir gelungen, meine Aufmerksamkeit und meine Energie von meinem Mangel abzuwenden und sie meinen Freunden zu widmen.

Jeff, ein einsamer Kerl

Unter dem Titel „Ganz New York liebt Jeff" lese ich folgenden Artikel: „Einsam inmitten von acht Millionen Menschen: Jeff Ragsdale ist ein gewöhnlicher New Yorker – er ist nur etwas einsam. Nachdem seine Freundin die Beziehung beendet hat, fühlt er sich von der ganzen Welt verlassen. Er braucht jemanden zum Reden – ganz egal mit wem, Hauptsache der Zweck wäre erfüllt.

In der ganzen Stadt bringt Jeff Ragsdale Flyer an: „Wenn Sie über irgendetwas reden möchten, rufen Sie mich an. Meine Nummer: … Jeff, ein einsamer Kerl." Von diesem Tag an läutet sein Telefon fast ununterbrochen. Innerhalb kurzer Zeit erhält er 70.000 Anrufe aus aller Welt! „Die Leute plaudern mit mir und bitten mich um Rat in Beziehungsfragen", erzählt Jeff.[8] Sogar Häftlinge haben ihn angerufen, um ihn zu ermutigen. Die besten Gesprächsprotokolle hat er in einem Buch veröffentlicht.[9]

Sich erneut für Beziehungen öffnen

Wenn wir aus der Sphäre der Einsamkeit herauskommen, um zu lernen Beziehungen aufzubauen, beschreiten wir einen Weg, auf dem einige Fallen lauern. Es liegt auf der Hand, dass wir uns vor weiteren Enttäuschungen schützen wollen. Das ist ein natürlicher Reflex – schließlich garantiert uns niemand, dass uns weitere Beziehungsprobleme erspart bleiben. Doch wenn Gott mit uns geht, so wie er es versprochen hat, wird er uns den Mut geben, den ersten Schritt zu wagen.

Eine Reihe kleiner Entscheidungen

Allein sein und Einsamkeit ist nicht dasselbe. Nicht immer können wir wählen, ob wir allein sein wollen. Einsam sein ist hingegen eine eigene Entscheidung. Genauer gesagt ist Einsamkeit das Resultat einer Reihe kleiner Entscheidungen. Wir tragen in uns die nötigen Ressourcen und Möglichkeiten, um uns nicht abzuschotten. Hören wir also auf, von unseren Mitmenschen zu erwarten, dass sie uns glücklich machen und nehmen wir stattdessen unser Lebensglück selbst in die Hand! Wenn wir versuchen, auf die Bedürfnisse der Menschen in unserem Umfeld einzugehen, werden wir mit Sicherheit Freude daran finden.

16. Die wahren Freunde sind für mich da

Meine Schwägerin bietet mir an meinen Garten zu pflegen. Ihr Angebot nehme ich dankbar an. Ich brauche ein wenig Zeit, um zu begreifen, dass sie nicht nur gekommen ist, um sich um meine Pflanzen zu kümmern. Sie ist für mich da und fragt mich, wie es mir gehe. Ich versinke in Traurigkeit, doch mit ihrer behutsamen Frage tritt sie mir nicht zu nahe. – Wie gut das doch tut! Auch telefonisch erkundigt sie sich regelmäßig nach meinem Befinden. Ich bin froh darüber, dass sie versteht, dass es für mich wichtig ist, dieselbe Geschichte x-mal zu wiederholen. Das tut mir gut – und es ist eine umso größere Wohltat, als ich merke, dass meine Gesprächspartnerin sich nicht daran stört und versteht, dass diese Art der Verarbeitung für mich sinnvoll ist.

Mein Bruder ist mir eine ebenso große Unterstützung. Als ich in größten Schwierigkeiten stecke, rufe ich ihn um drei Uhr morgens an und frage, ob ich ihn störe. Er versichert mir: „Nein, nein, ich habe sowieso nicht tief geschlafen." In jenem Moment ist mir nicht bewusst, welche Anstrengung ich von ihm fordere.

Auch zwei Frauen aus meiner Kirchengemeinde spielen eine wesentliche Rolle in meinem Heilungsprozess, da sie gerade eine ähnliche Lebenskrise durchmachen. Wir treffen uns wöchentlich, um uns auszutauschen, zu beten und um uns gegenseitig zu unterstützen. Das Schicksal hat uns einander nähergebracht, obwohl unsere Charaktere sehr unterschiedlich sind. Aline, die ursprünglich aus Haiti kommt, kennt viele alte Lieder, die in der Zeit der Sklaverei geschrieben wurden. Wenn sie die Melodien spontan anstimmt, werde ich von den Worten berührt. Dabei kann ich meinen Tränen freien Lauf lassen. Marinette ist die Weiblichkeit in Person. Allein zu leben bedeutet für sie nicht, dass sie sich nicht mehr schön zu machen und zu pflegen braucht – ganz im Gegenteil.

Diese Beziehungen zu Verwandten und Freunden bedeuten mir viel. Denn diese Menschen unterstützen und ermutigen mich; sie stehen mir bei und beten mit mir. Zu wissen, dass ich sie jederzeit ansprechen darf, ist ein großes Privileg auf meinem Weg.

Wenn die Trauer uns blind macht

Unsere Freunde sind in unserem Leben von essenzieller Bedeutung. Wenn uns Leid widerfährt, ist uns die Tragweite ihres Einsatzes nicht immer bewusst. Die Geschichte des Königs David in der Bibel veranschaulicht deutlich dieses Problem: Durch einen Staatsstreich unter der Führung des Prinzen Absalom wurde ein Bürgerkrieg ausgelöst, der mit dem Tod des rebellischen Thronfolgers ein Ende nimmt. König David feierte nicht den Sieg gemeinsam mit denen, die ihm treu geblieben waren, sondern zog sich in sein Schlafgemach zurück, wo er Tag und Nacht weinte. „Mein Sohn Absalom! Mein Sohn, mein Sohn Absalom! Wäre ich doch nur an deiner Stelle gestorben! Absalom, mein Sohn, mein Sohn!"

Der Heeresführer seiner Armee stellte die Sache richtig: „Du scheinst diejenigen zu lieben, die dich hassen, und die zu hassen, die dich lieben" (2. Samuel 19,1-8).

Davids Trauer hat ihn für die Liebe seiner Mitmenschen blind gemacht.

Geschiedene können in die gleiche Falle tappen. Wir sind dermaßen fokussiert auf den Verlust unseres Partners, dass wir die Wohltaten unserer Freunde nicht wahrnehmen und sie dadurch entmutigen. Wir dürfen nicht vergessen, die Herzlichkeit, die unsere Mitmenschen uns erweisen, zu erwidern. Das wird unsere Sichtweise verändern.

Beziehungen haben Priorität

Der Verlust unseres wichtigsten Gegenübers hinterlässt eine große Leere. Zwar sind wir nicht mehr der wichtigste Mensch für jemanden, doch wir können für viele andere Menschen bedeutend werden. Wenn wir in Beziehungen investieren, die uns guttun, bereichern wir uns gegenseitig.

Der wahre Freund

Wir genießen das Privileg, jederzeit eine echte Freundschaft mit Jesus aufbauen zu können. Er liebt uns über alles. Er liebt uns mehr als irgendjemand sonst auf der Welt. Als Einziger wird er uns niemals verlassen, ganz gleich was uns widerfährt.

Der Herr ist von Ferne gekommen und sprach zu ihm:
„Ich habe dich schon immer geliebt. Deshalb habe ich dir
meine Zuneigung so lange bewahrt."
Jeremia 31,3 (NL)

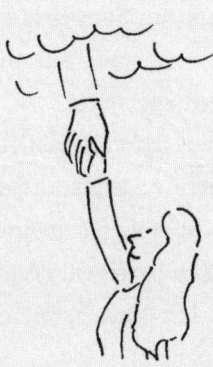

17. Ich verliere Freunde

Die Scheidung zieht große Veränderungen in meinem Freundeskreis nach sich. Vor einigen Jahren habe ich mich mit einer Arbeitskollegin angefreundet, die später zu einer gemeinsamen Freundin von meinem Mann und mir wurde. Ich bin gerade in meinem Garten, als ich diese Freundin sagen höre, dass sie meinen Mann und seine neue Freundin zum Essen eingeladen habe. Der Schock sitzt tief, ebenso tief sind mein Unverständnis und mein Schmerz. Ich fühle mich betrogen. Hat sie die Situation falsch eingeschätzt? Kann sie ermessen, welchen Schmerz sie meinen Kindern und mir zufügt, indem sie sich auf die Seite meines Mannes stellt? Was mich verletzt, ist nicht die Tatsache, dass sie meinen Mann einlädt, sondern dass sie auch seine neue Freundin miteinbezieht! Also versuche ich sie davon zu überzeugen, dass ihr Verhalten ungerecht sei. Vergebens. Meine Freundin hat kein Verständnis für meine Enttäuschung – oder sie möchte ihre Einladung nicht infrage stellen. Unter diesen Umständen habe ich nicht die Kraft, die Freundschaft mit ihr weiter zu pflegen. Bei meinen Überzeugungsversuchen – sie solle mir treu bleiben – habe ich mir unnötige Verletzungen zugefügt.

Später begreife ich, dass ich keinerlei Recht darauf hatte von ihr zu fordern, meine Sichtweise anzunehmen. Wenn ich daran zurückdenke, bin ich nicht stolz auf meine Bemühungen, sie zu einer Meinungsänderung zu bewegen. Freundschaft ist immer ein Geschenk, sie ist Gnade. Ich muss bereit sein, meinen Freunden ihre Freiheit zurückzugeben.

Aus diversen Gründen habe ich den Kontakt zu einigen anderen Freunden beendet. Ich musste meinen Freundeskreis schmälern und ihn auf die Menschen beschränken, in deren Gegenwart für mich nicht das Risiko besteht, mich verletzt zu fühlen.

Nicht über Dritte kommunizieren

In seltenen Fällen pflegen gemeinsame Freunde auch nach der Scheidung zu beiden Expartnern eine gute Beziehung. Wenn dies auf Sie zutrifft, müssen Sie den Mut aufbringen, einige Regeln festzulegen. Bitten Sie Ihre Freunde, den Inhalt Ihrer Gespräche nicht Ihrem Expartner mitzuteilen. Ihrerseits dürfen Sie Ihre Freunde nicht dazu missbrauchen, um Erkundigungen darüber einzuholen, was aus ihm geworden ist, wie es ihm geht und mit wem er sich trifft. Gebrauchen Sie Ihre Freunde auch nicht dazu, ihm eine Nachricht zu übermitteln, beispielsweise dass er die Kinder regelmäßiger anrufen solle.

Die Interpretationsfalle

Manchmal entsteht der Eindruck, unsere Freunde würden sich auf die Seite unseres Expartners und seiner neuen Partnerin stellen. Da wir uns verraten fühlen, beenden wir diese Beziehungen, obwohl die Freunde nicht die geringste Absicht hatten, sich von uns abzuwenden. Geht es uns besser, werden wir möglicherweise einsehen, dass unsere Reaktion kontraproduktiv war, sodass wir um Entschuldigung bitten sollten (siehe Kapitel 35).

Schwierige Zeiten

Infolge einer Scheidung werden Unterschiede in unserem Freundeskreis offenbar. Während manche Freunde sich in der Not bewähren und für uns eine Familie werden, wenden andere sich von uns ab.

Gott füllt unseren Mangel aus

Während einer sehr schmerzhaften Zeit in meinem Leben hat Jesus durch die Bibel zu mir gesprochen. Ans Kreuz genagelt bemerkt Jesus das unsägliche Leid seiner Mutter, die einen Sohn verliert. Er sieht auch den Verlustschmerz seines Jüngers Johannes, der einen Freund verliert. Aus diesem Grund lädt Jesus diese beiden geliebten Menschen dazu ein, ihren Blick von ihm abzuwenden und sich gegenseitig zu unterstützen.

„Als Jesus nun seine Mutter sah und neben ihr den Jünger, den er lieb hatte, sagte er zu ihr: ‚Er soll jetzt dein Sohn sein!' Und zu dem Jünger sagte er: ‚Sie ist jetzt deine Mutter.' Da nahm der Jünger sie zu sich in sein Haus" (Johannes 19,26-27; Hfa).

Wir verlieren Freundschaften, doch Gott schenkt uns neue Freunde oder lässt bestehende Beziehungen an Bedeutung und Tiefe gewinnen.

18. Nach den Freunden sind die Experten an der Reihe

In einer Frage bezüglich der Erziehung unserer Töchter können mein Exmann und ich uns nicht einigen. Ich treffe eine Entscheidung, doch er sieht die Dinge völlig anders. Mir erscheinen seine Maßnahmen kontraproduktiv. Da er meinem Eindruck nach ernsthaft um die Zukunft unserer Töchter besorgt ist, schlage ich vor, die Meinung eines Erziehungsberaters einzuholen. Zu meiner Überraschung stimmt er dieser Idee vorbehaltlos zu. Auch mein Exmann sieht ein, dass diese Situation die richtige Entscheidung erfordert. Der Berater geht ein Stück Weg mit uns gemeinsam. Am Ende erweist sich dieses Vorgehen für uns alle als eine äußerst positive Erfahrung.

Sich Rat zu holen fällt insbesondere Männern schwer.

Betrachten Sie nun die Geschichte eines Bekannten:

Paul hat spät geheiratet. Seine Ehefrau brachte drei Kinder mit in die Ehe, die er adoptiert hat. Die beiden bekamen ein viertes gemeinsames Kind. Doch ihre Beziehung verschlechtert sich und schließlich verlässt ihn seine Frau. Bei der Aufteilung der Besitztümer kommt er sehr schlecht weg, doch aus Wohlwollen den Kindern gegenüber verzichtet er darauf, für sein Recht zu kämpfen.

Mit seinen Kindern Zeit zu verbringen ist das Einzige, was für ihn zählt. Kaum hat er sie zu seiner Exfrau zurückgebracht, denkt er schon an das nächste Wiedersehen. Aufgrund seiner Arbeitszeiten kann er sein Umgangsrecht nicht voll ausschöpfen. Finanziell angeschlagen kann er nur mit Mühe für die hohen

Unterhaltskosten aufkommen. Als es in der Beziehung zu seinem ältesten Sohn kriselt, versinkt Paul im Alkohol. Daraufhin wird ihm sowohl das Sorgerecht als auch das Umgangsrecht entzogen.

Fünfzehn Jahre lang (!) sieht Paul seine Kinder nicht und leidet an Depressionen. Erst nachdem er seinen Verwandten und Freunden von seinem Versagen erzählt hat, kommt er wieder auf die Beine. Auf Rat seiner Freunde hin sucht er sich professionelle Hilfe, unter anderem bei einem Anwalt. Mithilfe professioneller Unterstützung kann er seine Probleme bewältigen und sich richtig verteidigen.

Pauls Rat

„Nehmen Sie die Schwierigkeiten ernst", sagt Paul. „Lassen Sie nicht zu, dass die Situation Ihnen entgleitet, ohne sich Hilfe zu holen. Nehmen Sie Hilfsangebote an! Sagen Sie sich nicht: ‚Ach, das wird sich schon einrenken!' Wenden Sie sich mit Ihren Problemen an Gott und vertrauen Sie ihm."

Die goldene Regel: Mutig um Hilfe bitten

Ist es ein Zeichen von Schwäche, um Hilfe zu bitten? – Nein, ganz im Gegenteil. Nur eine starke Persönlichkeit wird zugeben, dass sie ihre Grenzen erreicht hat.

Der Experte hat uns einen Ausweg aus einer potenziellen Konfliktsituation gezeigt. Dadurch haben wir nicht nur verhindert, dass sich der Konflikt zwischen den „Co-Eltern" zuspitzt, sondern wir haben auch vermieden, dass unsere Töchter zu Opfern unserer Meinungsverschiedenheit in Erziehungsfragen wurden.

Dass es mir heute gut geht, liegt größtenteils daran, dass ich zum richtigen Zeitpunkt die richtigen Menschen angesprochen habe. Ich persönlich habe solche Berater bevorzugt, mit denen ich auch beten konnte.

Beispiele und Tipps

Die Vielzahl an Problemen kann uns überfordern: Ob es sich um unseren Gemütszustand handelt, die Kindererziehung, die Finanzen oder praktische, organisatorische Angelegenheiten – uns fehlt die nötige „Ausrüstung", um die Herausforderungen zu meistern.

- Geschiedene, denen es schwerfällt, für eine gesunde Ernährung zu sorgen, können einen Kochkurs belegen.
- Wer sich in Versicherungsfragen hilflos fühlt, kann sich von einem Finanzberater Unterstützung holen.
- Vielleicht mangelt es Ihnen an Ideen, wie Sie die Wochenenden mit Ihren Kindern gestalten können. Melden Sie sich bei einem „Eltern-Kind-Wochenende" an, das von verschiedenen Anbietern organisiert wird und auch speziell für Alleinerziehende angeboten wird.
- Wenn Sie sich einsam fühlen und sich in Alkohol flüchten, wenden Sie sich an das Blaue Kreuz.
- Sind Sie manchmal derart gestresst, dass Ihre Kinder darunter leiden? Bitten Sie eine Freundin oder einen Großvater, ab und zu auf sie aufzupassen. So verbringen Ihre Kinder Zeit mit einem Erwachsenen, der etwas ausgeglichener ist, während Sie eine Atempause haben.

Freunde und Familie – unsere Lichtblicke

Simon hat seine Frau verloren, ebenso seine Berufung und beinahe auch seine Arbeitsstelle. Ich war erstaunt darüber, wie er sich im Laufe des Kurses „lieben-scheitern-leben" veränderte (weitere Informationen zu diesem Kurs finden Sie im Anhang). Er war spürbar verzweifelt.

Lesen Sie im Folgenden, wie unser Kontakt entstanden ist:

„Leider muss ich Ihnen mitteilen, dass der Kurs bereits ausgebucht ist", sage ich ihm.

„Oh, das ist kein Problem!", erwidert er erleichtert.

Doch da immer mehr Anmeldungen bei uns eingehen, beschließen mein Kollege und ich, weitere Teilnehmer aufzunehmen. Also rufe ich Simon zurück. Er meldet sich verbindlich an und, ermutigt durch seine Freunde, nimmt am Kurs teil. Im Laufe der Zeit lerne ich die Bruchstücke seiner Lebensgeschichte kennen:

„Meine Frau und ich haben sechs Kinder und führen ein glückliches Leben. Von einem gemeinsamen Lebensziel und derselben Begeisterung motiviert, wollen wir Gott und den Menschen dienen. Mit diesem Ziel vor Augen werden wir Mitglieder der Heilsarmee und engagieren uns in der Arbeit mit Drogenabhängigen. Einige von ihnen äußern den Wunsch, auf unserem Bauernhof zu arbeiten und auf dem zugehörigen Anwesen zu wohnen. Deshalb beginnen wir mit Umbaumaßnahmen, um Ehepaaren, Kindern und Alleinstehenden einen Wohnraum zu bieten. Der Tagesablauf folgt einer festen Struktur: Arbeit, seelsorgerliche Gespräche, Begleitung bei der Wiedereingliederung ins Berufsleben. Unser Leben ist ziemlich ausgefüllt und wir verwirklichen mit Leidenschaft unsere Berufung.

Bald darauf tritt eine Gesetzesänderung in Kraft, die es Drogensüchtigen erlaubt, unter ärztlicher Aufsicht Rauschgift zu konsumieren. Daraufhin erhalten wir immer weniger Anfragen, bis wir uns schließlich gezwungen sehen, unsere Anlaufstelle zu schließen. Unsere Lebensaufgabe bricht zusammen. Wir beschließen, die Wohnungen zu vermieten. Nun muss ich die Arbeit auf dem Bauernhof alleine bewältigen. Meine Frau findet eine Arbeitsstelle als Lehrerin. Zunächst kommt sie jeden Abend nach Hause, doch später beschließt sie, vor Ort zu wohnen und nur am Wochenende nach Hause zu fahren. In unserem Haus fühlt sie sich zunehmend unwohl. Sie zweifelt an ihren Glaubensüberzeugungen und verlässt die Familie, um frei und unabhängig zu sein. Welch ein Schock! Ich werde von vielen Fragen umgetrieben und habe den Eindruck, auf ganzer Linie versagt zu haben. Anderen Menschen haben wir geholfen, doch nun versinke ich selbst in tiefer Verzweiflung. Ich verliere jegliche Lebensfreude und schotte mich völlig ab. Meine Frau möchte unser Anwesen zum Verkauf anbieten. Einer meiner Söhne, der von Beruf Landwirt ist, kauft gemeinsam mit seiner Frau, die als Sozialhelferin arbeitet, den Bauernhof. – Ein Lichtblick im Dunkel meines Lebens! Mein Vater kann weiterhin in seinem Geburtshaus wohnen und auch ich habe das Recht, dort bis an mein Lebensende zu bleiben. Trotz der Scheidung bleibt das Landgut im Familienbesitz und das in der fünften Generation. Meine Freunde sind für mich da und unterstützen mich. Mit Ausdauer arbeiten sie daran, mich aus meiner Höhle herauszuholen. Sie nehmen mich mit zu Veranstaltungen, besuchen mich, erkundigen sich regelmäßig nach mir etc.

Trotz meiner Vorbehalte, geschiedene Menschen kennenzulernen, gelingt es einem Freund, mich zum Kurs „lieben-scheitern-leben" zu überreden. In allen darin besprochenen Themen kann ich mich wiederfinden; ich kann es kaum fassen. Die Gespräche mit anderen Menschen, die in der gleichen Lebenssituation sind, lassen mich wieder Hoffnung schöpfen. Ich erkenne deutlich die Sonne zwischen den Wolken. Ich entdecke neu meine Berufung zum Dienst und nehme eine Lehrerstelle an, um 14-Jährige zu unterrichten. Daneben arbeite ich als Bauer auf dem Hof, umsorge meinen Vater und helfe in der Nachbarschaft aus. Ich versuche mich für unvorhergesehene, von Gott geplante Aufgaben bereitzuhalten. Die Liebe, die unsere Familie eint, ist wie Balsam auf meinen Wunden. Ich habe wieder Freude am Leben."

Wenn unsere Familie zerbricht, verlieren wir häufig auch unser Lebensziel.

Welchen Weg ist doch Simon gegangen, um eine neue Lebensaufgabe zu finden!

Er musste nicht nur sein Leben neu ordnen, sondern auch seine Arbeit. Diese Lebenswende kann ohne Gottes Hilfe und die von Verwandten und Freunden kaum gelingen. Simons Geschichte ist ein offenkundiger Beweis dafür.

III – Und was passiert mit den Kindern?

Wenn es um den Schutz der seelischen Gesundheit von Kindern und Jugendlichen geht, kommt der Familie die größte Bedeutung zu. In Anbetracht dieser Tatsache suchen wir Möglichkeiten, wie sich diese Beziehungen bestmöglich aufrechterhalten lassen.

19. Ihr Leid – mein Leid

Den heutigen Tag werden die Kinder mit ihrem Vater verbringen. Es ist einer ihrer ersten gemeinsamen Tage. Unsere Scheidung liegt noch nicht lange zurück.

Vom oberen Stockwerk aus höre ich eine meiner Töchter die Haustür öffnen. Sie bittet ihren Vater herein. Ich sitze an meinem Schreibtisch vor dem Computer. Innerlich aufgewühlt bin ich nicht in der Lage zu arbeiten. Die Kinder wünschen mir einen schönen Tag. Ich bringe es nicht fertig, ihnen etwas Sinnvolles zu antworten. Aus dem Fenster sehe ich sie im Auto ihres Vaters wegfahren. Die Traurigkeit steht ihnen ins Gesicht geschrieben. Ich breche in Tränen aus.

Einerseits bemitleide ich mich selbst; ich bleibe allein zu Hause. Doch in mir wohnt ein noch heftigerer Schmerz: das Mitleid, das ich für meine Töchter empfinde.

Diese Kinder sind zwischen ihrer Mutter und ihrem Vater hin- und hergerissen – ist das ihre Zukunft? Zweifelsohne habe ich ihren Kummer verschlimmert, weil es mir nicht möglich war, mich zu verabschieden. Sie machen sich um mich Sorgen.

Zwei Wochen später: die gleiche Szene. Am frühen Morgen kommt mein Mann, um die Kinder abzuholen. Doch diesmal reagiere ich anders. Als mein Mann an der Tür klingelt, öffne ich ihm mit einem Lächeln. Als die kleine Familienbande weiterzieht, wünsche ich ihnen einen schönen Tag mit ihrem Vater. Ich informiere sie darüber, dass ich einen Spaziergang mit einer Freundin und einen Kinoabend geplant habe; dass morgen nach dem Gottesdienst meine Schwester und ihr Mann zu mir zum Essen kommen würden. Ich versichere ihnen, dass sie mich jederzeit anrufen können, wenn sie mit mir sprechen möchten.

Mir ist wohl bewusst, dass mein kleines Freizeitprogramm sie nicht wirklich interessiert. Allerdings denke ich, dass sie weniger Schuldgefühle haben würden, wenn sie wissen, dass ich mich nicht unterkriegen lasse und für mich sorge, statt zu Hause zu sitzen und Trübsal zu blasen.

Bilde ich es mir ein, oder sehen meine Töchter tatsächlich nicht so traurig aus wie beim letzten Ausflug mit ihrem Vater? Ich kann die Tränen nicht zurückhalten. *Es tut dermaßen weh!* Diese Familie, die nun entzweigebrochen ist – ich kann nicht darüber hinwegkommen. Doch im Vergleich zum letzten Mal ist die Last diesmal etwas leichter.

Die Kinder beobachten uns

Zufällig höre ich ein Gespräch zwischen meiner Tochter und ihrer Freundin: „Wie geht es deiner Mutter?" – „Nun, nicht schlecht! Sie hat zwei supergute Freundinnen; sie unternehmen viel zusammen." Daraufhin höre ich sie meine Freizeitaktivitäten der letzten Monate aufzählen. Ich bin beeindruckt. Sie hat nichts ausgelassen. Mir war nicht bewusst, wie genau meine Kinder mich beobachteten. Gleichzeitig stelle ich fest, dass es für sie eine Erleichterung darstellt zu wissen, dass es mir gut geht.

Helfen Sie sich selbst, um anderen besser helfen zu können

Indem wir auf dem Weg der inneren Heilung vorangehen, machen wir unseren Kindern das größtmögliche Geschenk. Je besser wir unser Leben wieder in den Griff bekommen, umso weniger belasten wir sie. Zwar können wir den seelischen Schmerz unserer

Kinder nicht auf uns nehmen, doch wir können ihn zumindest nicht noch verstärken. Gleichzeitig können wir auch ihnen besser helfen, mit der Situation umzugehen, wenn wir ebendieses selbst gelernt haben.

Die goldene Mitte

Vor unseren Kindern unseren Frust auszubreiten ist eine zwiespältige Angelegenheit.

Auf der einen Seite wollen wir nicht vortäuschen, dass es uns gut gehe, um unsere Kinder (die uns sowieso gut kennen) zu schützen. Andererseits besteht die Gefahr, sie als Vertrauenspersonen oder Tröster zu missbrauchen, was ungerecht wäre.

Der Sohn eines geschiedenen Freundes verteidigte sich folgendermaßen: „Papa, ich kann dich nicht mehr hören. Ich hasse euch, dich und Mama mit eurer Geschichte. Lasst mich in Ruhe! Ich möchte das nicht mehr hören!"

Wir sollten lernen, mit unserem Schmerz konstruktiv umzugehen.

Die Betroffene Catherine Siguret schreibt dazu: „Für mich als Mutter ist es schwierig, meinem Kummer Ausdruck zu verschaffen. Ich versuche, meine Bitterkeit nicht vor meiner Tochter sichtbar werden zu lassen und meine Tränen in ihrer Anwesenheit in Grenzen zu halten. Ich möchte mir keine Vorwürfe machen müssen, ihr ein schlechtes Vorbild zu sein. Wenn mir also nach Weinen zumute ist, mache ich einen Spaziergang – allein."[10]

Vorbild sein

Wenn wir mit Gottes Hilfe unsere Probleme mutig in Angriff nehmen, hoffen wir, dass unsere Kinder lernen, mit ihren Problemen, denen sie als Erwachsene begegnen werden, konstruktiv umzugehen.

20. Wohnortwechsel?

Ich begleite meine Tochter zum Kinderarzt. Dieser Mann ist für mich mehr als nur ein behandelnder Arzt. Ich sehe in ihm eine Vaterfigur, einen Menschen, den ich wertschätze und dessen Ansichten Hand und Fuß haben. Ich schütte ihm mein Herz aus und erzähle ihm von unserer Trennung, die nicht lange zurückliegt. Dabei erwähne ich meine Überlegungen, wieder in die deutsche Schweiz zurückzukehren – dorthin, wo ich aufgewachsen bin. Zu meinem Erstaunen warnt er mich vor diesem Vorhaben und rät mir dazu, es zu überdenken. Noch heute höre ich ihn meinen Plan hinterfragen: Wie ich mir die Lebensumstände vorstelle, wenn meine Kinder an jedem Ende der Schweiz einen Elternteil wohnen hätten. Wie würden sie insbesondere den Kontakt zu ihrem Vater aufrechterhalten?

Von der Reaktion des Arztes bin ich enttäuscht. Es war der Wille meines Mannes, mich zu verlassen; ich habe nichts dazu beigetragen, um ihn zu diesem Schritt zu ermutigen; es ist also nur gerecht, dass er nun die Folgen seiner Entscheidung tragen muss. Nach meiner Auffassung habe ich unter juristischen und moralischen Gesichtspunkten das Recht, einen neuen Wohnort zu wählen, an dem ich mich wohlfühle. Doch nach diesem Gespräch schlafe ich schlecht. *Werde ich es wagen, meine Bedürfnisse wichtiger zu nehmen als die meiner Kinder?*

In meinem Bekanntenkreis gibt es einen Mann, dessen tschechische Exfrau nach der Scheidung in ihr Heimatland zurückgekehrt ist. Zehn Autostunden liegen nun zwischen der Mutter und dem Vater eines zehnjährigen Kindes. Diese Geschichte bringt mich ins Nachdenken. Auf der einen Seite habe ich Verständnis für das Bedürfnis der Exfrau, an einem Ort zu leben, an dem sie sich sicher und geborgen fühlt. Andererseits finde ich ihren Entschluss äußerst fragwürdig. Trotz alledem bemüht sich der Vater, seinen Sohn jedes zweite Wochenende zu besuchen und fährt dafür jedes Mal zweitausend Kilometer (Hin- und Rückfahrt) mit dem Auto. Nachdem er diesen Besuchsrhythmus ein halbes Jahr lang eingehalten hat, steht er kurz vor der Erschöpfung. Das war vorhersehbar.

Deshalb hinterfrage ich noch einmal meine Idee und bitte Gott im Gebet um seinen Rat. Tief in meinem Inneren weiß ich, dass ich den Kindern damit schaden würde, indem ich mit ihnen so weit von ihrem Vater wegziehen würde. Es kostet mich viel, meine Bedürfnisse zurückzustellen. Doch andererseits bin ich glücklich darüber, Gottes Anweisung Gehorsam zu leisten.

Die Jahre sind vergangen und meine drei Töchter haben ein gutes Verhältnis zu ihrem Vater. Die räumliche Nähe ihrer Eltern nach der Scheidung hat wesentlich dazu beigetragen – davon bin ich überzeugt.

Folgen für die Kinder sorgfältig abwägen

Da die Kinder üblicherweise bei einem Elternteil leben, obwohl das gemeinsame Sorgerecht die Norm geworden ist, müssen die Eltern, trotz der Entfernung und der möglichen Missgunst, einen einheitlichen Erziehungsstil praktizieren. So problematisch und konfliktgeladen sich das auch gestalten mag, ist es wichtig, in allen Belangen, die die Erziehung der Kinder und ihre Beziehung zum anderen Elternteil betreffen, eine möglichst unterstützende Haltung gegenüber dem Expartner einzunehmen.

In allen unseren Überlegungen sollte das Wohl der Kinder die oberste Priorität einnehmen. Wir müssen eine Lösung anvisieren, die für die Kinder ideal und für das Elternteil, das nicht mit ihnen lebt, praktikabel ist. Das Recht der Kinder, die Beziehung zur Mutter und zum Vater zu erhalten, ist gesetzlich geregelt. Wir haben nicht das Recht, den Kontakt unserer Kinder zu unserem Expartner zu erschweren oder zu verbieten. Diese Beziehung ist wichtig für die Entwicklung unserer Kinder, aber auch wir Eltern profitieren davon. Die räumliche Nähe stellt die ideale Variante dar. Manchmal machen die Lebensumstände, insbesondere die berufliche Situation, einen Umzug ans andere Ende des Landes zwingend erforderlich, sodass dem betroffenen Elternteil keine andere Wahl bleibt. Wenn wir gezwungen sind, weit voneinander entfernt zu leben, müssen wir unbedingt Möglichkeiten finden, wie wir unsere Kräfte schonen und Zeit sparen können.[11]

Hilf mir, so zu leben, wie du es willst, denn du bist mein Gott! Führe mich durch deinen guten Geist! Dann werde ich erleben, wie du mir Hindernisse aus dem Weg räumst.

Psalm 143,10 (Hfa)

21. Kontakt mit der Schwiegerfamilie

Mein Telefon läutet. Meine Tochter ruft an, weil sie offensichtlich jetzt jemanden zum Reden braucht. Sie macht sich Sorgen um ihre Großmutter (meine Exschwiegermutter), da sie annimmt, dass diese uns bald verlassen werde. Einerseits kann ich die Trauer meiner Tochter, die sich auf den Abschied von ihrer Großmutter vorbereitet, nachempfinden. Andererseits freut es mich zu wissen, dass meine Töchter sich ihrer Großmutter verbunden fühlen. Aus meiner Sicht ist das nicht selbstverständlich. Die Beziehungen zu meinen angeheirateten Verwandten waren nicht immer harmonisch. Einige Male spürte ich sogar den starken Wunsch, den Kontakt ganz abzubrechen.

Eines Tages erfuhr ich zufällig, dass meine Töchter bei ihrer Oma eingeladen waren, um einen runden Geburtstag zu feiern. Auf dem Foto, das bei diesem Anlass aufgenommen wurde, sind nur vertraute, lächelnde Gesichter zu sehen; die gleichen wie immer, lediglich mit einer Ausnahme: Ich war verschwunden, aus der Geschichte gelöscht. Dafür ist ein neues Gesicht auf diesem Foto zu sehen: die Lebensgefährtin meines Exmannes. Innerhalb einiger Monate bin ich am Tisch meiner Exschwiegereltern ausgetauscht worden. *Wie ist das möglich?* Ich fragte mich, warum meine Exschwiegermutter sich nicht nach meinem Befinden erkundigte. Die Versuchung, die Beziehung meiner Kinder zu ihren Großeltern zu erschweren, war groß. *Müssten nicht auch meine Exschwiegereltern begreifen, welches Unrecht ihr Sohn mir zugefügt hatte?* Ohne viel Aufwand hätte ich meine Kinder hinsichtlich ihrer Beziehung zu den Großeltern negativ beeinflussen können.

Für mich war es ein schwieriger Prozess einzusehen, dass sie nicht nur meine Kinder waren, sondern auch die Kinder meines Exmannes. Da ich meine Kinder aus vollem Herzen liebe, lag mir viel daran, dass sie in Kontakt zu ihren Großeltern blieben. Diese Überzeugung hat mir geholfen, trotz des Schmerzes meine Kinder darin zu ermutigen, diese Beziehung zu pflegen. Zu Beginn habe ich meine Töchter begleitet, wenn sie zu ihren Großeltern fuhren. Später überließ ich es ihnen, die Besuche selbst zu organisieren.

Was mich betrifft, fühlte ich mich frei, weiterhin in Kontakt zu meinen Exschwiegereltern zu bleiben oder diese Beziehung nicht mehr zu pflegen. Im Laufe der Jahre hat sich meine persönliche Beziehung zu ihnen verbessert. Mein Verhältnis zu meiner Exschwiegermutter wurde zunehmend unkomplizierter, authentischer und am Ende ihrer Tage sogar herzlich.

Versuchen Sie Ihre Schwiegerfamilie zu verstehen

Was konnten meine angeheirateten Verwandten in dieser Situation tun? Wäre es ihnen nicht lieber gewesen, wenn unsere Beziehungen weiter bestehen blieben?

Sie mussten sich an einen neuen Menschen gewöhnen. Die Einsicht, dass sie vor vollendete Tatsachen gestellt worden waren und vielleicht darunter litten, hat mir geholfen, den Ausschluss aus dem Familienklan zu verarbeiten.

Wählen Sie Ihre Gesprächsthemen mit Bedacht aus

Selten können wir mit unseren Exschwiegereltern in Ruhe über die Scheidung reden. Es fällt ihnen schwer, sich zu unseren Gunsten gegen ihr Kind zu stellen. Sie interessieren sich hingegen für all das, was ihre Enkel betrifft.

Wir dürfen unsere Kinder nicht berauben

Da es uns zu schaffen macht, ausgetauscht worden zu sein, kann die Versuchung stark sein, unsere Kinder von den Verwandten des Expartners fernzuhalten. Wenn uns das Wohl unserer Kinder am Herzen liegt, müssen wir unseren Ausschluss aus dem Familienkreis überwinden und trotz allem die stabilen und beständigen Beziehungen, die sie pflegen, fördern. Damit machen wir unseren Kindern ein Geschenk.

Großeltern haben in Deutschland ein Anrecht auf Umgang mit ihren Enkeln, sofern dieser dem Kindeswohl dient. Sie bleiben ein Orientierungspunkt und eine Bereicherung für die Kinder. Zudem können sie eine sehr positive Wirkung auf eine zerbrochene Familie haben, betont Anne Reiser, Fachanwältin für Familienrecht. Allen Menschen, auf die unsere Kinder zählen können, kommt eine tragende Rolle zu.

22. Die Bedeutung des Vaters

Meine Kinder kehren von einer Griechenlandreise mit ihrem Vater zurück. Als wir noch verheiratet waren, hatte er uns einen Traumurlaub für die ganze Familie versprochen, in einem Hotel direkt am Meer. Für gewöhnlich bot er uns eher mittelklassige Urlaubsorte an.

Aufgrund der letzten Entwicklungen unserer Familiensituation waren die Mädchen mit ihrem Vater allein verreist. Kaum waren sie zur Tür hereingekommen, erzählen sie begeistert von ihrem tollen Urlaub: „Weißt du, Mama, das Essen war superlecker! Man konnte von einem riesigen Büfett auswählen, was man wollte. Der Swimmingpool war gigantisch. Schau mal, wie braun wir geworden sind!"

„Ach, so eine Woche hätte ich auch gerne verbracht!", antworte ich ihnen voller Bitterkeit. Auf einen Schlag verschwindet die Freude aus ihren Gesichtern. Meine unsensiblen Worte haben alles verdorben.

„Weißt du, Mama, wir hatten deine Bemerkung nicht nötig", vertraut mir eine meiner Töchter etwas später an. „Für uns war es keineswegs einfach, diesen Urlaub ohne dich zu verbringen! Weißt du, Papa war wirklich supergut zu uns. Ich bin froh, dass er sich so viel Zeit für uns genommen hat, dennoch war es nicht dasselbe."

Wie schwer es mir doch fällt, zu akzeptieren, dass die Zuneigung meiner Kinder gegenüber ihrem Vater sich nicht geändert hat – diesem Mann, der mich verlassen hat!

Doch mit der Zeit bessert sich meine Einstellung. Ich lerne, dankbar zu sein, was mein Exmann mit unseren Töchtern unternimmt und für sie tut. Wenn er Zeit investiert, um mit ihnen in

Urlaub zu fahren und ihnen Geschenke macht, ihnen Geld gibt, das ich ihnen nicht geben kann, freue ich mich für sie und mit ihnen. Ich möchte nicht in Konkurrenz zu ihm treten. Meine Töchter wiederum fassen Vertrauen und wagen es, mir von ihren gemeinsamen Unternehmungen zu erzählen.

Grundsätzliche Ungleichheit

Die Bedeutung der Mutter steht außer Frage. In den meisten Fällen ist den Vätern die essenzielle Rolle der Mutter ihrer Kinder bewusst. Umgekehrt ist die Bedeutung des Vaters den Müttern nicht unbedingt klar. Das Bedürfnis meiner Töchter, mit ihrem Vater gemeinsam Zeit zu verbringen, war mir am Anfang nicht in vollem Maße bewusst.

Die vaterlose Generation

Jungen, die ohne ihren Vater aufwachsen, fehlt ein männliches Vorbild, an dem sie sich orientieren könnten. Mädchen, die in einem vaterlosen Haushalt groß werden, haben als Teenager häufig Schwierigkeiten, eine gesunde Beziehung zum anderen Geschlecht zu entwickeln.[12]

Je unabhängiger ein Kind im Laufe seiner Entwicklung von seiner Mutter wird, umso mehr gewinnt die Anwesenheit des Vaters an Bedeutung. Bei einer Scheidung ist der Vater der erste Mann, der seine Tochter oder seinen Sohn verlässt. Er kann von niemandem ersetzt werden. Den Mangel, den der leibliche Vater hinterlässt, kann selbst ein Stiefvater nicht ausfüllen.

Der Kontaktabbruch ist ein reales Risiko

Es besteht die Wahrscheinlichkeit, dass der Kontakt zwischen Vater und Kind nach der Scheidung endgültig abbricht. Dies trifft auf 40 % der Scheidungsfälle zu. Je jünger das Kind bei der Trennung ist, umso größer die Wahrscheinlichkeit.[13]

Werden die Karten neu gemischt?

Lange Zeit waren Väter darum bemüht, mit ihren Kindern nicht nur jedes zweite Wochenende und einige Ferientage gemeinsam zu verbringen, sondern ihnen noch mehr Zeit zu widmen. Dabei waren ihre Pläne von der Zustimmung ihrer Exfrau abhängig. Doch die Väter erhoben ihre Stimme. Als Reaktion auf diese offensichtliche Ungerechtigkeit, die sie erfahren haben, gründeten die Väter eine große Anzahl verschiedener Organisationen, die ihre Interessen vertreten sollen. Doch dass die Beziehung der Kinder zu ihren Vätern der vollen Unterstützung vonseiten der Mütter bedarf, steht außer Frage.

Alte Menschen sind stolz auf ihre Enkelkinder, und Kinder sind stolz auf ihre Eltern.

Sprüche 17,6 (Hfa)

23. Vertrauenspersonen – auf sie kommt es an

Meine Tochter hat auf gar nichts mehr Lust. Normalerweise sprudelt sie nur so vor Ideen und Plänen, doch momentan erkenne ich sie kaum wieder. Sie hat die Schule abgeschlossen und muss nun einen Ausbildungsplatz finden.

Brigitte, eine Freundin der Familie, hat diese Herausforderung bemerkt. Eines Morgens ruft sie meine Tochter an, um sie zu sich nach Hause einzuladen. Kaum hat meine Tochter den Telefonhörer aufgelegt, packt sie die Unterlagen, die auf ihrem Schreibtisch verstreut liegen, in eine Tasche, geht aus dem Haus und schlägt die Tür hinter sich zu. Sie schwingt sich aufs Fahrrad und fährt davon. Bleibt für mich nur zu hoffen, dass die beiden sich gut verstehen! Brigitte ist sehr gut organisiert und ihr Haushalt ist beinahe perfekt. Meine Tochter ist äußerst spontan und momentan eher unorganisiert.

Am Nachmittag sagt sie mir, dass sie ein paar Besorgungen machen gehe. Gemeinsam mit ihrer neuen „Patin" wird sie Bewerbungen schreiben. Neben Unterstützung bei den bürokratischen Aufgaben verwöhnt Brigitte ihren Schützling auch kulinarisch. Auch ihr Ehemann engagiert sich. Später wird mir meine Tochter anvertrauen, dass Brigittes Art und Weise, sie an die Hand zu nehmen, ihre Rettung war.

Auf ihrer Hochzeit würdigt meine Tochter die beiden mit diesen emotionalen Worten: „Liebe Brigitte, lieber Daniel, ich danke euch von Herzen für das, was ihr für mich getan habt. Ich weiß nicht, wo ich heute ohne euch wäre."

Auch meinen Verwandten kommt eine große Bedeutung zu. Sie wohnen am anderen Ende der Schweiz, doch an Weihnachten kommen wir immer für ein Wochenende zusammen. Meine Schwägerin liebt es, Besuch zu empfangen: Sieben Übernachtungsgäste (meine drei Töchter, ihre Partner und ich) zu beherbergen, bereitet ihr keine Sorgen. Für meine Töchter sind unsere Familientreffen ein Fixpunkt, den sie selbstverständlich einplanen. Sie genießen die Gemeinschaft mit ihren Verwandten, die für sie in puncto Partnerschaft ein Vorbild sind.

Vergessen Sie Ihre Familie nicht

Die erweiterte Familie bleiben die wichtigsten Menschen, die uns auf unserem langen Weg begleiten. Ein Onkel kann mit unserem Kind in den Urlaub fahren. Eine Großmutter kann ihre Enkelin einmal wöchentlich zu einem Abend mit Übernachtung einladen. Patenonkel und Patentanten, denen heute (im Gegensatz zu früher) eine ehrenvolle Rolle zukommt, können sich aktiver am Leben ihrer Patenkinder beteiligen. Intakten Familien und Singles ist es nicht unbedingt bewusst, dass sie mit einer einfachen Geste zerbrochenen Familien in ihrem Umfeld viel Gutes tun könnten (siehe Seite 110).

Ehrenamtliche Mentoren

In ihrem Artikel *Ein Licht in die Welt bringen* schildert Damaris Schmitt, wie Mentoren Scheidungskinder in ihrem Alltag unterstützen. Einmal wöchentlich helfen sie ihnen bei den Schularbeiten, spielen mit ihnen Fußball oder gehen mit ihnen zusammen Eis essen. Diese ehrenamtlichen Mentoren arbeiten unter der Schirmherrschaft der Organisation *Starting blocks.* „Wer sich für ein Kind Zeit nimmt, zeigt ihm damit, dass es wichtig ist", erklärt Silke Winter, Mitglied einer Initiative in Wiesbaden.[14]

Das Gleichgewicht wiederherstellen

Wenn ein Elternteil seine Kinder vernachlässigt, kann ein anderer Erwachsener zu einer Bezugsperson werden. Überlegen Sie, wen Sie darum bitten könnten, sich aktiv an Ihrem Familienleben zu beteiligen. Sie riskieren nicht mehr als eine Absage zu erhalten. Im Leben von Scheidungskindern, die die Trennung ihrer Eltern ohne größere Schäden überwunden haben, spielten verlässliche Erwachsene in vielen Fällen eine bedeutende Rolle, indem sie die Eltern unterstützt oder sie eine Zeit lang sogar ersetzt haben. Bei einer Fortbildung für die Verantwortlichen des Kurses „lieben-scheitern-leben" bezeugte ein Jugendlicher, dass seine Entdeckung, dass es einen persönlichen Gott gibt, entscheidend zur Heilung seiner Wunden beigetragen habe (siehe Kapitel 29 und 40).

24. Kritik am Expartner

An einem Wochenende, das wir als Kirchengemeinde zusammen verbringen, hört ein Mitarbeiter der Gemeinde, wie ich mich mit meinen Töchtern streite. Er nimmt mich zur Seite und redet mir ins Gewissen. Er erläutert mir, wie er als Vater in dieser schwierigen Situation an meiner Stelle reagiert hätte. Von seiner Einmischung und seiner Strenge bin ich schockiert. *Wie kann eine Vertrauensperson meine Kinder verurteilen? Müsste er als Verantwortlicher nicht Verständnis zeigen?*

Zu Hause geht mir der Vorfall immer noch nach. *Woher nimmt er sich das Recht?* Von außen betrachtet sieht es so einfach aus …

Für mich ist die Kritik, die meinen Töchtern galt, verletzender als das, was er an mir bemängelte. Da ich meine Kinder liebe, tut es mir weh, diesen Mann lieblos die angeblichen Fehler meiner Tochter aufzählen zu hören. In diesem Moment höre ich eine leise innere Stimme: *Die Angriffe auf deine Kinder nimmst du persönlich, stimmts? Verstehst du denn nicht, dass du deine Töchter genauso verletzt, wenn du ihren Vater schlecht machst?*

Tief in meinem Inneren weiß ich genau, dass es nicht korrekt ist, den Vater meiner Kinder zu kritisieren. Doch mir scheint, dass ich bis dahin die destruktive Wirkung meiner schlechten Worte unterschätzt habe. Mir war nicht bewusst, dass ich mit meiner Kritik nicht nur meinen Exmann verletze, sondern auch meine Kinder. Ich habe den Eindruck, dass Gott diese enttäuschende Erfahrung zugelassen hat, um mich eine wichtige Lektion zu lehren. Darum bitte ich ihn um Vergebung und um seine Hilfe, mein Verhalten zu ändern.

Heute habe ich diese Kritiklust nicht mehr.

Die Gefahren der Kritik

Für unsere Kinder ist es wichtig, einen Ort zu haben, an dem sie ihren Ärger über die familiäre Situation bedenkenlos zum Ausdruck bringen können – ein neutrales Territorium also. Wenn unsere Kinder schlecht von unserem Expartner sprechen, sollten wir darauf achten, kein Öl ins Feuer zu gießen. Für uns selbst müssen wir eigene Orte zum Stressabladen finden; dies sollte nicht in Gegenwart der Kinder geschehen.

Wenn uns das Verhalten unseres Expartners stört, ist es angemessen, ihn unmittelbar damit zu konfrontieren, ohne zuerst die Kinder einzubeziehen. Unseren Expartner hinter seinem Rücken zu kritisieren, fügt allen Beteiligten Schaden zu. Wenn wir uns regelmäßig über ihn beschweren, wird es unseren Kindern schwerer fallen, eine normale Beziehung zu ihm zu pflegen. Es lässt sich voraussehen, dass sie den Standpunkt des kritisierenden Elternteils annehmen und sich auf seine Seite stellen werden.

Es funktioniert

Bei einer Familienfeier fragt ein Onkel meine Tochter, wie sie mit der Tatsache umgehe, dass ihr Vater mich verlassen hat. Ihre Antwort verblüfft mich: „Ich habe den Eindruck, dass Mama auch keinen einfachen Charakter hat." Mein Erstaunen über diese Offenheit weicht schnell einem Gefühl der Zufriedenheit: Sie hat ihren Vater nicht kritisiert.

Gut über den anderen sprechen

Kinder lieben ihren Vater und ihre Mutter trotz deren Schwächen. Was würde passieren, wenn wir die nächste Hürde nähmen, indem wir respektvoll von unserem Expartner sprechen, also seine Stärken hervorheben? Wie gut tat es mir, meine Tochter sagen zu hören: „Papa hat gesagt, dass du immer eine gute Mutter gewesen wärst!" Dank dieser Einstellung hat sich unsere Beziehung gebessert. Nicht nur die Expartner, auch die Kinder, profitieren davon.

Vergeltet Böses nicht mit Bösem. Werdet nicht zornig, wenn die Leute unfreundlich über euch reden, sondern wünscht ihnen Gutes und segnet sie. Denn genau das verlangt Gott von euch, und er wird euch dafür segnen!

1. Petrus 3,9 (NL)

25. Ich werde flexibel

Ich erinnere mich an unser erstes Weihnachtsfest, nachdem unsere Scheidung amtlich geworden war. An jenem Tag lernte ich eine Lektion, die ich nicht vergessen habe:

Ein schöner Weihnachtsabend neigt sich dem Ende entgegen. Ich habe ihn gemeinsam mit meinen drei Töchtern und meinem Schwiegersohn verbracht. Für den morgigen Tag habe ich ein Traditionsgericht, einen Sonntagsbraten, vorbereitet. Während ich die Küche aufräume, machen zwei meiner Töchter einen Spaziergang. Als sie zurückkommen, teilen sie mir mit, dass sie den Sonntag gerne mit ihrem Vater verbringen wollen. Tief enttäuscht reagiere ich emotional. Anstatt sich für ihre kurzfristige Planänderung zu entschuldigen, sagt mir eine von ihnen:

„Verstehst du nicht, dass du und Papa uns das Leben ohnehin schon schwer genug macht? Wir versuchen, das Beste aus dieser Situation zu machen, doch du verursachst noch mehr Schwierigkeiten!"

Ich traue meinen Ohren nicht. Meinem Eindruck nach sind das nicht dieselben Kinder, die eben noch mit mir zusammen Truthahn aßen und in einem warmherzigen, von Liebe geprägten Ambiente einander Geschenke überreichten. Später würde ich erfahren, dass sie während des Spaziergangs ihrem Vater, der nicht weit weg wohnte, ein Geschenk gebracht hatten. Spontan hatte er sie für den nächsten Tag zum Mittagessen eingeladen.

Zunächst bin ich enttäuscht. Doch dann wird mir deutlich, dass meine Töchter mir gegenüber Feingefühl gezeigt haben, indem sie mir nicht sagten, dass sie losgingen, um ihrem Vater ein Geschenk zu überreichen. Nun bin ich dran, einen Schritt in die richtige

Richtung zu unternehmen. Ich möchte versöhnlicher und flexibler werden.

Trotz allem wird der darauffolgende Weihnachtstag ein schöner Tag. Ich improvisiere und lade ein paar Alleinstehende zu mir nach Hause ein. Für die Überraschungseinladung sind sie umso dankbarer, weil sie einen Weihnachtsbraten verkosten dürfen. Diese Erfahrung mit dem Weihnachtsbraten wird mir noch lange nachgehen. Später werde ich mich oft fragen: *Bin ich bereit, zum Wohle meiner Kinder meine Pläne in letzter Minute zu ändern? Bin ich bereit zu glauben, dass Gott gute Absichten hat, obwohl sie nicht meinen Plänen entsprechen?*

Nicht auf seinen Standpunkt beharren

Wir tun gut daran, uns die enormen Belastungen vor Augen zu führen, mit denen unsere Kinder infolge der Scheidung konfrontiert werden. Viele Kinder richten normalerweise zwei Lebensmittelpunkte ein: Zimmer, Haus, Freundeskreis und Freizeitaktivitäten. Sie müssen ihr Leben an zwei Orten einrichten, anstatt nur an einem – und das erzeugt Stress. Indem wir auf unsere Elternrechte pochen, auf unserer Meinung beharren und sämtliche Entscheidungen für sie treffen, verschlimmern wir nur ihre ohnehin schwierige Lebenslage. Wenn Kinder in intakten Familien bei Entscheidungen, die ihre Ausflüge mit Freunden oder Urlaubsziele betreffen, mitreden dürfen, sollte dies auch in Scheidungsfamilien möglich sein.

„Co-Eltern" sein

Wenn es uns schwerfällt zu akzeptieren, dass unsere Kinder ihre Pläne manchmal ändern und mehr Zeit mit unserem Expartner verbringen, ist es hilfreich, sich daran zu erinnern, dass sie nicht für uns da sind – wir jedoch für sie da sind.

Unsere Kinder sind nicht dafür zuständig, unsere emotionalen Bedürfnisse zu erfüllen; das vermag nur unser himmlischer Vater. Wir können Gott sagen, dass wir uns einsam fühlen, und ihm vertrauen; er hat eine Lösung (siehe Kapitel 31 und 34). Unsere Freizeit können wir außerdem für Aktivitäten nutzen, die mit Kindern nicht umsetzbar sind.

Es ist gut, wenn unsere Kinder unseren Expartner genauso lieben wie uns. Wir stehen nicht in Konkurrenz zueinander – wir sind „Co-Eltern".

Der Mensch macht viele Pläne,
aber es geschieht, was Gott will.
Sprüche 19,21 (Hfa)

26. Gegensätzliche Reaktionen

Kinder zeigen verschiedene Reaktionen auf die Scheidung ihrer Eltern, selbst Geschwister gehen unterschiedlich damit um. Häufig fällt es geschiedenen Eltern schwer, die seelischen Bedürfnisse ihrer Kinder richtig einzuschätzen und zu erfassen, auf welche Weise sie die Trennung verarbeiten.

Eine Freundin erzählt mir von ihren Sorgen um ihre Tochter. Nachdem der Vater die Familie verlassen hat, hat sie ihr Studium abgebrochen und wechselt ständig ihren Arbeitsplatz. Sie ist labil geworden.

Nach unserem Gespräch nehme ich Kontakt zu dieser Tochter auf, die mir ihre Sicht der Dinge anvertraut: „Weißt du, es würde mir besser gehen, wenn Mama sich nicht so viele Sorgen um mich machen würde. Ihre Erwartungen machen mich fertig. Natürlich ist es traurig, dass Papa uns verlassen hat. Ich leide darunter. Doch was mich noch mehr belastet, ist die Tatsache, dass Mama mich diese Krise nicht auf meine Art und Weise bewältigen lässt. Sie gewährt mir keinen Freiraum und beschwert sich von früh bis spät über mein Verhalten. Ich habe jegliche Lebensfreude verloren."

Die Sorgen der Mutter hindern die Tochter daran, ihre Trauer auf ihre eigene Art zum Ausdruck zu bringen. Ihre Mutter erwartet von ihr, dass sie weiter ein normales Leben führt und ihr Studium fortsetzt, so als ob alles in Ordnung sei; somit setzt sie ihre Tochter unter Druck.

Meine Töchter wollten nicht oft mit mir über unsere Familiensituation sprechen. Doch gleich nach dem Essen verschwanden sie in ihr Zimmer, wo sie Stunden mit ihren Freundinnen am Telefon verbrachten.

In meinem Bekanntenkreis gibt es vier Brüder, deren Mutter die Familie verlassen hat. Nach meiner Beobachtung gehen sie sehr unterschiedlich damit um.

Einer von ihnen ist sehr zornig auf seine Mutter und spricht sogar davon, die Autoreifen ihres neuen Freundes zu durchstechen. Der jüngste Bruder bewahrt die Fassung. Der Familienvater tut alles ihm Mögliche, um eine gute Haltung zu bewahren. Er versucht jedem seiner Kinder gesonderte Aufmerksamkeit zu widmen. Der eine Sohn ist besonders sensibel für zärtliche Berührungen. Wenn der andere Sohn deprimiert ist, kann er beim Wildwasser-Rafting mit seinem Vater wieder auftanken. Der dritte fühlt sich geliebt, wenn er einen neuen Anstecker für seine Sammlung geschenkt bekommt, während der vierte Sohn sich wertgeschätzt weiß, wenn er mit seinem Vater zu zweit bei McDonald's essen kann.

Kinder, die aggressiv werden

Einige Kinder entwickeln Aggressionen gegenüber dem verlassenen Elternteil.

Das betroffene Elternteil kann sich durch dieses Verhalten verunsichert fühlen und sich fragen, was es getan habe, dass sein Kind sich gegen es wendet. Das Kind hat gewissermaßen nur ein Elternteil zur Verfügung, dem es die Schuld geben kann. Manchmal haben unsere Kinder Angst, das Elternteil, das sie verlassen hat, mit dem Problem zu konfrontieren, weil sie fürchten, die ohnehin angeknackste Beziehung würde endgültig in die Brüche gehen.

Kinder, die sich verantwortlich fühlen

Andere Kinder wiederum scheinen mit der familiären Situation souverän umzugehen. Sie passen sich an, beschützen ihre Geschwister und sogar das Elternteil, das nun allein ist. Ein Junge, der seinen Vater deprimiert auf dem Sofa sitzen sieht, schlägt einen gemeinsamen Kinobesuch vor. Eine Tochter wird mit dem Nachbarn auf der Etage schimpfen, der den Wäscheraum nicht geputzt hat, weil ihre Mutter sich oft darüber beklagt. Geben Sie auf solche Kinder besonders acht! Entbinden Sie die Kinder von ihren Verpflichtungen Ihnen gegenüber; erklären Sie ihnen, dass Sie der verantwortliche Erwachsene sind. Sorgen Sie dafür, dass Ihre Kinder Freizeitaktivitäten nachgehen.

Kinder, die schweigsam sind

Manche Kinder, vor allem Jungen, sind nicht imstande, ihre Gefühle in Worte zu fassen. Kümmern Sie sich besonders um diese Kinder! Schaffen Sie eine Atmosphäre, die für ein Gespräch förderlich ist – natürlich ohne sie dabei unter Druck zu setzen. Wir dürfen diese Kinder unter keinen Umständen zur Geheimhaltung zwingen. So hat beispielsweise ein Mann seinen Kindern verboten, mit jemandem außerhalb der Familie darüber zu sprechen, dass ihre Mutter sie verlassen hat. Somit sind die Kinder dazu verdammt, ihr Leid alleine zu tragen, ohne mit Außenstehenden darüber sprechen zu können.

Kinder, die sich zurückziehen

Andere Kinder flüchten sich zu ihren Freunden und möchten eine Zeit lang nichts mit Ihnen zu tun haben – das ist ihre Art, dieses Problem zu bewältigen. Gewähren Sie ihnen in solch einem Fall den nötigen Freiraum. Sorgen Sie dafür, dass sie auch Kontakte zu erwachsenen Vertrauenspersonen haben, die positiv auf sie wirken!

27. Alleinerziehende Mütter und Väter

A lwin hat seine Kinder alleine großgezogen. Seine Lebensge-schichte hat mich tief bewegt.

Er erzählt:

„Nach dem Abitur heiratete ich meine Frau. Nach elf gemeinsamen Jahren verkündet sie mir, dass sie ihre Jugend ruiniert habe. Sie verlässt mich wegen eines Tänzers aus ihrem Ensemble und nimmt unsere Kinder mit. Ihre Pläne, die sie bei unserer Heirat aufs Eis gelegt hatte, nimmt sie wieder auf: das Pädagogik-Studium an einer deutschsprachigen Universität.

Das Härteste ist für mich, die Kinder nach einem gemeinsamen Wochenende wieder ans andere Ende der Schweiz zu schicken. Ich habe das Gefühl, dass es sie zerreißt: Im Zuge des Abenteuers ihrer Mutter haben sie ihren Vater verloren, ebenso das Haus, in dem sie aufgewachsen sind, ihre Freunde und ihre Muttersprache.

Den Freund ihrer Mutter akzeptieren sie nicht. Es bricht mir das Herz, ihre niedergeschlagenen Gesichter zu sehen, während sie auf dem Bahnsteig stehen.

Ein Jahr nach der Trennung sieht meine Frau ein, dass dieses System nicht funktioniert. Sie schlägt mir vor, mithilfe eines Anwalts eine Vereinbarung zu treffen. Ich bezahle ihr das Studium und den Unterhalt. Dafür kann ich die Kinder zu mir nehmen. Dem Richter muss ich erklären, wie ich es mir vorstelle, in Vollzeit zu arbeiten (um meinen Haushalt, die Schulbildung der Kinder und den Unterhalt meiner Frau, von der ich getrennt lebe, zu finanzieren) und dabei gleichzeitig für die Kinder da zu sein.

Mein Arbeitgeber kommt mir entgegen. Ich beginne um fünf Uhr morgens mit der Arbeit. Die Kinder wecke ich per Telefon. Sie ziehen sich an und gehen zur Schule. Mittags kümmern sich meine Schwiegereltern um sie. Diese Lösung funktioniert erstaunlich gut, doch sie erfordert enorme Anstrengungen. Ich sehe das Sonnenlicht nicht mehr. Zwei Jahre lang versinke ich in Bitterkeit und Selbstmitleid.

In meiner Gebetsgruppe werde ich auf eine Textstelle aus der Bibel aufmerksam. Darin geht es um Paulus, der lieber bei Gott wäre, aber wegen der Menschen, für die er verantwortlich ist, auf der Erde bleibt. Diese Worte nehme ich mir zu Herzen. Ja, ich habe meinen Alltagstrott satt, aber ich habe noch eine Aufgabe im Diesseits zu erfüllen.

Und wirklich: In meiner Gemeinde bekomme ich Verantwortung für die Jugendarbeit übertragen. So kann ich auch andere Dinge sehen als nur meine Kinder und meine Arbeit.

Dies bedeutet für mich eine wahre Rehabilitation, da ich alle Dienste in der Gemeinde hatte niederlegen müssen. Ich hatte mich wie ein Gefangener gefühlt.

Nun wird mir klar, dass sich mir viele Möglichkeiten öffnen."

Doppelfunktion

Nach einer Scheidung fühlen sich Mütter und Väter manchmal überfordert. Ein Kind alleine groß zu ziehen ist nicht im Sinne des Erfinders. Dies ist also eine große Herausforderung, vor allem, wenn der andere sich nicht an der Erziehung beteiligt. Trotz der Scheidung eine gute Mutter oder ein guter Vater bleiben zu wollen, ist ein besonders anspruchsvolles Vorhaben. Häufig sind Frauen gezwungen, ihre Wochenarbeitsstunden zu erhöhen oder eine Arbeit aufzunehmen. Doch auch Männer übernehmen häufiger das Sorgerecht für die Kinder und müssen deshalb Arbeit und Familie unter einen Hut kriegen.

Alwins Rat

„Um als Alleinerziehender gut funktionieren zu können, braucht man neben organisatorischem Geschick ein stabiles soziales Netzwerk. Außerdem muss man realistisch denken, seine Grenzen kennen, den Mut haben, um Hilfe zu bitten und sich mit den richtigen Leuten umgeben. Da die Kinder mit mir unter einem Dach leben, müssen sie mich entlasten, indem sie ihren Teil der Aufgaben übernehmen – natürlich ihrem Alter angemessen. Auszeiten einzuplanen, in denen ich keinerlei Verpflichtungen habe, um neue Kraft zu schöpfen, ist für mich ebenso wichtig."

Die neue Gesetzesnorm

Heute gilt das gemeinsame Sorgerecht als die gesetzliche Norm, selbst wenn die Eltern unverheiratet zusammengelebt haben. Das alleinige Sorgerecht wird zur Ausnahme und tritt nur in Kraft, wenn die Eltern es einfordern oder wenn es für das Kind die beste Lösung ist.

Man kann die neue Gesetzgebung begrüßen, doch man muss dabei bedenken, dass mit dieser Entwicklung höhere Anforderungen an die geschiedenen Eltern einhergehen: Sie müssen sich in Bezug auf wichtige Entscheidungen und die Verteilung der Pflichten einigen, zumindest aber eine gewisse Abstimmung vornehmen.

In den meisten Fällen wohnt das Kind bei einem Elternteil, das auch seinen Alltag organisiert und unvorhergesehene Probleme managt.

28. Wie Erwachsene an der Scheidung ihrer Eltern leiden

Corinne begleitet mich manchmal zu den Vorträgen des Kurses „lieben-scheitern-leben", um über die Last zu sprechen, die sie als Erwachsene nach der Scheidung ihrer Eltern zu tragen hat.

Hier berichtet sie von ihrer Erfahrung:

„Ich bin noch ein Kind, als mein Vater meine Mutter wegen einer anderen Frau verlässt. Das passiert mehrmals und ich bete jedes Mal intensiv dafür, dass meine Eltern sich nicht trennen. Als ich fünfzehn Jahre alt bin, kehrt mein Vater zu uns zurück. Neun Jahre später verlässt er uns endgültig, um seine neue Freundin zu heiraten. Mit seiner zweiten Frau hat er vier gemeinsame Kinder. Die Geburt des ersten Kindes, einem Sohn, löst einen seelischen Schmerz bei mir aus; doch das ist nichts im Vergleich zum zweiten Kind – einer Tochter. Das trifft mich in meinem tiefsten Inneren. Nun bin ich nicht mehr sein kleines Mädchen.

Ich gehe auf Distanz zu ihm, um dem Schmerz zu entgehen. So fürsorglich wie er mit meiner Halbschwester umgeht, vermittelt er mir unaufhörlich das Bild des Vaters, den ich nicht gehabt habe. All das, was er uns nicht hatte geben können, scheint ihm nun bei seiner neuen Familie zu gelingen.

Mein Bruder und ich sind inzwischen erwachsen. Es sei zu spät, um die Zeit zurückzudrehen und ein besserer Vater zu sein, sagt er uns.

Später leuchtet mir ein, dass ich, wenn ich die Vergangenheit nicht länger wie eine schwere Last tragen will, meinem Vater vergeben muss; vergeben, um frei zu werden. So weit, so gut. Also vergebe ich ihm. Ich heirate und bekomme zwei Kinder.

Viele Jahre später nehme ich an einer Konferenz teil, wo es um das Thema „Scheidungskinder" geht. Plötzlich wird mein ganzer Schmerz in seiner vollen Intensität wieder präsent, obwohl ich davon ausging, meinem Vater vergeben zu haben. Ich gebe meinen damaligen Gefühlen einen Namen: im Stich gelassen werden. Es ist eine unglaublich heftige Emotion. Ich beschließe, meinem Vater in einem Brief meine ganze Bitterkeit und Traurigkeit zu schildern. Ich stelle ihm die Frage, warum er uns verlassen habe. Ich beschreibe ihm, wie ich darunter leide, keine enge Beziehung zu ihm gehabt zu haben und mich wie ein Fehler in seiner Lebensgeschichte gefühlt zu haben. Ich erkläre ihm, dass er zu früh beschlossen habe, ich würde ihn nicht mehr brauchen.

In diesem Moment begann der Heilungsprozess meines Herzens und ich war fest entschlossen, ihm vollständig zu vergeben. Doch es wird insgesamt siebzehn Jahre gedauert haben! Als wir schließlich offen miteinander darüber sprechen können, bittet er mich um Vergebung. Er war und ist mein Vater und wird mein Leben lang mein Vater bleiben."

Den Schmerz nicht unterschätzen

Wer als Erwachsener die Scheidung seiner Eltern miterlebt, hört häufig folgenden Kommentar: „Aber für dich ist das doch nicht weiter schlimm, du hast doch schon eine eigene Familie!" Vielen ist nicht bewusst, welchen Seelenschmerz die Trennung der Eltern auslöst. Auch als Erwachsene müssen wir diesen Schmerz ernst nehmen. Corinne betont, wie wichtig es ist, ihn ans Licht zu bringen und zu benennen. Sie zeigt auch auf, dass Vergebung notwendig ist und dass Jesus seelische Wunden heilen kann (siehe Kapitel 36).

Um Vergebung bitten

Selbst wenn die Scheidung nicht unserem Willen entsprach, lohnt es sich, unsere Kinder um Vergebung zu bitten: Unsere Beziehung ist zerbrochen und sie haben das Vertrauen in die stabile Elternbeziehung verloren (siehe Kapitel 35).

Herausforderungen, die zu meistern sind

Unsere Kinder werden ihr Leben lang mit den Folgen einer Scheidung zu kämpfen haben.

Beispielsweise werden sie ihre Partnerschaft gestalten müssen, ohne ein konkretes Vorbild zu haben. Manchmal werden sie mit neuen Partnern ihrer Eltern zurechtkommen müssen; sie werden keinen Familienurlaub mehr verbringen können; sie werden die Herausforderung meistern müssen, sich nicht für die seelischen Bedürfnisse eines alleinerziehenden Vaters oder einer alleinerziehenden Mutter verantwortlich zu fühlen etc.

Lösungen finden

Corinne hat Mühe damit, ihren Vater bei seiner neuen Familie zu Hause zu besuchen. Deshalb haben die beiden beschlossen, sich regelmäßig zu zweit in einem Restaurant zu treffen. Das erleichtert ihnen, ihre Beziehung zu pflegen.

Von einer Tante aufgenommen

Françoise habe ich bei einer Fortbildung für die Mitarbeitenden von „lieben-scheitern-leben" kennengelernt. Sie erzählte mir, welch entscheidende Rolle ihre Großtante in ihrem Leben gespielt hat. Diese Geschichte hat mich tief bewegt. Ihre Großtante, eine alleinstehende Frau, führte ein ausgefülltes und aktives Leben. Dennoch hat sie sich bereit erklärt, ihr Haus zu öffnen und ihr ganzes Leben auf den Kopf zu stellen, um ein Kind mit einer schwierigen Vergangenheit aufzunehmen. Françoise erzählt:

„Mein Vater verlässt uns, als ich acht Jahre alt bin. Ich bin die älteste von drei Kindern. Für mich ist es mehr eine Erleichterung als ein Schmerz. Mama verbietet uns, mit irgendjemandem darüber zu sprechen, weil sie sich für die Trennung schämt. Unter Alkoholeinfluss schlug unser Vater unsere Mutter. Ich versuchte einzugreifen. Ich lebte in Angst und Furcht.

Nachdem unser Vater uns verlassen hat, müssen wir mit wenigem auskommen, weil er uns kein Geld mehr gibt. Eines Tages bittet uns die Lehrerin, sechs Franken für einen Schulkurs zu bezahlen, doch ich habe das Geld nicht. Durch die Lehrerin unter Druck gesetzt, bin ich gezwungen, das Geheimnis zu verraten und ihr zu erklären, was bei uns zu Hause los ist. Meine Lehrerin wendet sich an das Sozialamt, das sich einschaltet.

Mein Vater bricht jetzt den Kontakt zu uns endgültig ab.

Zwar arbeitet Mama als Putzfrau, doch unseren Lebensunterhalt bezahlt die Kommune.

Die Mitarbeiterin des Sozialamtes kontrolliert uns ganz genau – ich beobachte, dass sie sogar die Topfdeckel anhebt, um zu erfahren, was Mama kocht. Ich schäme mich für meine familiäre Situation. Mama empfindet das Gleiche. Aus diesem Grund fühlt sie sich gezwungen, um Hilfe zu bitten und sich von mir zu trennen. ‚Als Älteste verstehst du die Situation. Ich habe Tatie (Großtante) gebeten, dich aufzunehmen.' Ich habe ihr Geheimnis verraten und sie will mich loswerden, sage ich mir. Ich fühle mich verstoßen und leide sehr darunter.

Meine Großtante ist fünfzig Jahre alt und führt einen kleinen Supermarkt. Außerdem arbeitet sie bei der regionalen Pfadfindergruppe mit. Diese optimistische und lebensfrohe Frau, die nie geheiratet hat, nimmt sich liebevoll meiner an. Nach Ladenschluss machen wir es uns gemütlich und stricken zusammen. Wir verbringen eine gute Zeit miteinander. Wenn sie jemanden besuchen geht, nimmt sie mich mit. Sie behandelt mich wie ihre eigene Tochter.

Währenddessen verharrt Mama in ihrer Opferrolle. Außerdem drängt sie meinem Bruder und meiner Schwester ihre Sicht auf das Leben auf. Meine Geschwister führen ein völlig anderes Leben als ich.

Ein Riss bildet sich zwischen meiner Familie und mir: zwischen meiner Großtante, die mich ermutigt und meiner Mutter, die mir eine deprimierende Zukunft in Aussicht stellt: ‚Wenn du heiratest, wird eure Ehe mit einer Scheidung enden.' Sie vermittelt mir das Gefühl, ich hätte ihr Leben verdorben. Selbst nach meiner Hochzeit bin ich in ihren Augen immer noch die Böse. Wir sehen uns immer seltener.

Wenn ich einen Vergleich ziehe zwischen meinem Leben und dem meiner Geschwister, kann ich mich nur überaus glücklich schätzen, dass ich bei meiner Großtante leben konnte. Ihr Optimismus, ihre Art, die Dinge positiv zu sehen, hat meine Zukunft entscheidend geprägt. Sie hat mir viel gegeben und den Mangel ausgefüllt, den meine Mutter verursacht hatte. Was ist das für ein Geschenk, so aufgenommen worden zu sein!"

Die Großtante von Françoise motiviert mich dazu, mich zu engagieren und mich einzubringen.

Sie verstand die Familiensituation ihrer Nichte und hatte den Mut Risiken einzugehen, obwohl die Umstände alles andere als ideal waren. Sie hat sich eingebracht mit dem, was sie hatte und mit dem, wer sie war. Dank ihres Engagements ist Françoise eine ausgeglichene und fröhliche Frau.

IV – Ich suche Gottes Nähe

Gott hat in meinem Heilungsprozess eine wichtige
Rolle gespielt. Er hat mich hinter meiner Schutzmauer
aufgesucht und sich meiner persönlichen Unzulänglich-
keiten angenommen. Durch eine Reihe von Glaubens-
und Gehorsamsschritten hat er mir beigebracht,
wieder richtig zu denken.

29. Ich höre auf, mich zu erniedrigen

Auch Jahre nach der Scheidung kommt es noch vor, dass mich Selbstzweifel plagen, dass ich meinen Wert infrage stelle und an meiner Fähigkeit, andere zu lieben und geliebt zu werden, zweifle. Die Auslöser dieser Gedanken sind häufig Kleinigkeiten.

Ich warte am Bahnhof und werfe erneut einen prüfenden Blick auf mein Kleid, um sicherzustellen, dass alles in Ordnung ist. *O Schreck! Da ist ein Kaffeefleck!* Sofort werden die Erinnerungen an einen besonders wichtigen Empfang wach:

Während mein Mann und ich an jenem Abend zusammensaßen, entdeckte er einen Fleck auf meiner Jacke und reagierte gnadenlos: „Was bist du nur für ein Tollpatsch! Es ist ja schön, dass du dir so viel Mühe gibst, doch immer musst du im letzten Moment etwas falsch machen! Lass uns gehen!"

So sitze ich deprimiert auf meinem Bahnsteig. Die alte Wunde bricht wieder auf.

Mein Mann hatte nicht ganz unrecht. Ich bin eine Niete. Die Aufzählung der Vorwürfe beginnt von vorn. *Warum habe ich nur ein so gutes Gedächtnis? Das ist zu viel. Ich werde aufstehen, zum Telefon greifen und Bescheid geben, dass ich nicht in der Lage bin, an der Veranstaltung teilzunehmen.*

Doch dann fange ich mich wieder.

Diese Lügen – sind sie nicht dieselben wie damals? Ich fange an, meine Gedanken zu ordnen: *Mein Mann liebte mich nicht mehr und hatte keine Lust mehr, Zeit mit mir zu verbringen? – Richtig.*

Niemand liebt mich, weil ich wertlos bin? – Falsch. Ich habe Kinder, die mich lieben und Freunde, die mich wertschätzen.

Mein Mann hat mich verlassen, weil ich in seinen Augen nicht mehr wertvoll genug war? – Das stimmt. Ich bin wertlos und zu nichts nütze? – Falsch. Für mehrere Menschen in meinem Umfeld bin ich wertvoll. In Gottes Augen bin ich von unschätzbarem Wert.

Also, los, aufstehen! Deine Bekannten warten auf dich; es wird gut verlaufen!

Ich beende die Nabelschau. Die anderen rechnen mit mir und würden wirklich irritiert sein, wenn ich sie im Stich ließe. Ein Kaffeefleck wird mich nicht unterkriegen.

Der schwierigste Aspekt

Eine zerbrochene Beziehung verursacht zwangsläufig ein Gefühl des Versagens.

Geschiedene beschreiben ihr Empfinden häufig so: „Ich fühle mich wie eine alte Socke, die man nur noch wegwerfen kann."

„Du verdienst es nicht, geliebt zu werden", lautet die unterschwellige Botschaft beinahe jeder Scheidung. Diese Überzeugung prägt sich uns umso stärker und dauerhafter ein, wenn wir verlassen worden sind und unser Expartner sich rechtfertigt, um nicht von Schuldgefühlen geplagt zu werden. Das kann erschreckende Ausmaße annehmen: Eine liebe Freundin ist überzeugt davon, dass ihr Exmann eine bessere Partnerin als sie verdient habe. Verlassen zu werden zieht einen Verlust des Selbstwertgefühls nach sich.

Die heilende Wirkung der Wahrheit

Die gefährlichsten und schädlichsten Lügen sind diejenigen, die wir uns selbst einreden.

Wir müssen lernen, diesen Lügen die Wahrheit entgegenzuhalten. Und gibt es eine schönere Wahrheit als die Perspektive Gottes? Wir sind wie ein Bergkristall, der in einem Erdklumpen versteckt ist. Hinter unseren Unvollkommenheiten sieht Gott den schillernden Kristall.

Sich selbst Gutes tun

Gott will uns erfüllen und uns seine Liebe auf vielerlei Weise zeigen. Deshalb will ich lernen, mir selbst gegenüber eine liebevolle Haltung einzunehmen und mich wohlwollend zu behandeln. Das äußert sich im konkreten Verhalten. Wenn ich Besuch habe, ist es mir wichtig, dass mein Haus aufgeräumt ist. Mein Schlafzimmer diente jedoch als Abstellkammer für sämtliche Sachen, für die ich anderswo keinen Platz gefunden hatte. Also begann ich mit dem Aufräumen meines Schlafzimmers – nur für mich. Da ich gerne viel arbeite, habe ich mir in der Vergangenheit selten eine Auszeit gegönnt. Inzwischen habe ich jedoch gelernt, ins Kino zu gehen und Urlaub zu machen.

30. Ich brauche Heilung

Zurück im Sommer, als ganz Europa von einer Hitzewelle erdrückt wurde. Mein Rasen ist trocken und verbrannt. Ich fühle mich wie dieses braune Gras. Meine Gedanken schweifen ab. Ich habe den Eindruck, dass Gott mir sagt: „Ja, ich höre dich. Deine Seele ist ausgetrocknet und durstig. Sie kann wieder aufblühen, noch schöner als zuvor. Willst du, dass ich deine Seele wieder zum Aufblühen bringe, selbst in dieser Trockenzeit?" Diesen Worten Gottes will ich glauben und sie in meinem Herzen verankern. Ich will ihnen sichtbaren Ausdruck verleihen.

Um Gott meinen Glauben zu demonstrieren, gehe ich in die Garage und komme mit einer Tüte Rasensamen heraus. Mit einem prüfenden Blick untersuche ich die Umgebung: Die Nachbarn dürfen nicht sehen, was ich gleich tun werde. Sie würden es nicht verstehen. Ich streue die Samen über das braune Gras auf die harte Erde – als ein Zeichen dafür, dass ich meine ausgetrocknete Seele mit ihren Enttäuschungen, Ängsten und mit ihrer Verzagtheit Gott ganz neu anvertraue in der Hoffnung, dass die Freude, das Vertrauen und die Ausgeglichenheit darin wieder aufblühen werden.

In die Falle geraten

Eine Falle besteht darin, dem Kochtopf unserer Gefühle und Schmerzen einen schweren bleiernen Deckel aufzusetzen, indem wir uns einreden, dass wir einen Neuanfang machen und vorwärtsgehen würden.

Geschiedene bedürfen einer inneren Heilung, doch diese Notwendigkeit ist uns häufig nicht bewusst. Ich musste mir eingestehen, dass dies auch auf mich persönlich zutraf.

Mir wird klar: Was Gott von mir möchte, sind nicht in erster Linie all meine guten Werke und die Mühe, die ich mir bei der Erfüllung meiner Aufgaben gebe. Stattdessen möchte er mich zuallererst von meiner Wut, meinem Hass und meinem Selbstmitleid befreien, um mir dafür Frieden, Vergebung und Freude zu geben.

Ich nenne zum Beispiel die Wut beim Namen, bringe sie vor Gott und bitte ihn, mir Frieden zu schenken. Wir können uns von negativen Gefühlen befreien wie von einem alten Kleid und das neue Kleidungsstück anziehen, das Gott uns anbietet.

Eine Perle werden

Eine weitverbreitete Meinung in Gemeinden ist, dass das Böse auf die Familie zielen würde, um sie zu zerstören. Aufgrund meiner eigenen Erfahrung möchte ich hinzufügen: Das Böse will noch mehr als das. Es will, dass wir aufgrund der Scheidung den Glauben verlieren. Dennoch können wir die Scheidung überwinden, den Glauben bewahren und daran wachsen. Dies lässt sich am Beispiel einer Perle veranschaulichen:

Die Perle wird größtenteils von Austern gebildet. Wenn ein Fremdkörper in das Innere der Muschel eindringt, reagiert das Tier darauf, indem es das Objekt mit einer Flüssigkeit namens Perlmutt umschließt. Infolge eines Verteidigungsmechanismus' entsteht eine prachtvolle Perle. So können auch wir durch unsere schmerzvollen Erfahrungen unsere Beziehung zu Jesus stärken und eine prachtvolle Perle werden.

„Ich will euch ein anderes Herz und einen neuen Geist geben. Ich nehme das versteinerte Herz aus eurer Brust und gebe euch ein lebendiges Herz. Und ich werde euch ein neues Herz geben und euch einen neuen Geist schenken."

Hesekiel 36,26 (Hfa)

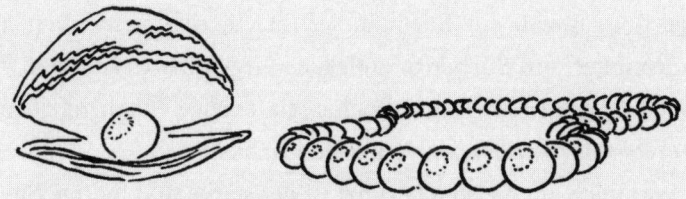

31. Und meine emotionalen Bedürfnisse?

Eine Grippe fesselt mich ans Bett. Das Virus hatte ein leichtes Spiel mit einer Geschiedenen, die von den Sorgen der vergangenen Wochen aufgerieben war.

Ich wache regelmäßig auf und nutze die Zeit, um mich in meine Lieblingslektüre zu vertiefen – *Bibliothek der Träume*, einen Roman, der zur Zeit der Wirtschaftskrise 1933 in Illinois spielt. Der Romanheld, ein Buchhändler, macht sich zusammen mit anderen auf, um Bücher in entlegene Gegenden zu bringen. Für einige Dorfbewohner sind Bücher die einzige Möglichkeit, mit dem Rest der Zivilisation verbunden zu bleiben.

Was mich am meisten berührt ist der starke und mutige Buchhändler, der unter Einsatz seines Lebens den von der Zivilisation abgeschnittenen Familien Hilfe bringt.

Während ich völlig in dem Abenteuer versunken bin, schlafe ich ein und träume.

Einen mutigen Mann treffen, gemeinsam Herausforderungen meistern, im Dienst an den Benachteiligten – das wäre fantastisch …

Am nächsten Morgen schütte ich Gott mein Herz aus. Danach lese ich den Bibeltext, der für heute vorgesehen ist – einen Textabschnitt aus dem Buch des Propheten Jeremia (13,11; NL): „Denn so wie man sich einen Gürtel eng um den Bauch bindet, so habe ich das ganze Volk Israel und die Männer von Juda eng an mich gebunden" – „… und auch dich, Christine", wird mir plötzlich bewusst.

Von diesem Bild bin ich tief bewegt. *Gott trägt mich nah bei sich?* Körperlich geschwächt fühle ich mich auch dem physischen

Aspekt meiner Einsamkeit ausgesetzt. Dieses Bedürfnis kompensiere ich ein wenig durch Umarmungen meiner Töchter oder indem ich einer Freundin mein Herz öffne. Doch dass Gott selbst sich anbietet, mein Bedürfnis nach Nähe zu erfüllen – das symbolisiert der Gürtel –, ist für mich ein völlig neuer Gedanke, der mir guttut. Gott lädt mich ein, bei ihm neue Kraft zu schöpfen. Bei ihm kann ich ruhig werden und weiß mich in Sicherheit, weil er für mich kämpft. Ich glaube, dass ich gerade eine Offenbarung hatte. Meine Tränen kann ich nicht mehr zurückhalten. Nie zuvor hatte ich meine Lage aus diesem Blickwinkel betrachtet!

Ich kann mich auf die stärkste Person, die es gibt, den Schöpfer des Universums verlassen und mich liebevoll umsorgt und sicher fühlen. Ich darf schwach sein und muss nicht erst etwas leisten, damit er mich liebt. Ich fasse den Entschluss, ihm noch stärker zu vertrauen und nah an seinem Herzen zu bleiben.

Der Lüge keinen Glauben schenken

Unsere Gesellschaft vermittelt uns, dass man zum Glücklichsein einen Partner brauche. Für mich ist es eine Ermutigung zu sehen, dass viele Menschen offensichtlich ein erfülltes Leben führen, ohne in einer Partnerschaft zu leben. Manche von ihnen haben Geschichte geschrieben. Corrie ten Boom, die das Konzentrationslager überlebt hat, war eine alleinstehende Frau mit einem beispiellosen Charisma. Dietrich Bonhoeffer, der deutsche Theologe, der für seine im Gefängnis verfassten Briefe berühmt wurde, hat Millionen Menschen geprägt. Aufgrund der brutalen Umstände des Zweiten Weltkriegs konnte er seine Verlobte nicht heiraten. Jesus selbst hat nie geheiratet. Hatte er nicht ein erfülltes Leben?

Ein eindrucksvolles Beispiel

Ein Freund von mir ist ein bekannter Künstler. Er ist verheiratet und Vater von drei Kindern. In Folge ernster Probleme, die auf ihre Kindheit zurückzuführen sind, entzieht seine Frau sich ihm. Trotz einer Paartherapie bleibt der Konflikt zwischen ihnen bestehen. Ihre entschiedene Zurückhaltung macht ihm zu schaffen, manchmal weint er sogar. Doch obwohl seine Bedürfnisse nicht vollständig gestillt werden, versinkt er nicht in Selbstmitleid. Er engagiert sich von ganzem Herzen, insbesondere für Jugendliche, die in einer schwierigen Lebenslage sind. Seine Energie setzt er ein, um Tausenden Menschen eine Ermutigung und ein Segen zu sein! Unsere Schwachheit und unsere Bedürfnisse bringen uns dazu, uns Gott noch mehr zu nähern (siehe Kapitel 34).

Der Herr ist mein Hirte. Nichts wird mir fehlen.
Psalm 23,1 (Hfa)

32. Ich diskutiere mit Gott

Momentan herrscht bei uns zu Hause viel Spannung. Verzweifelt werfe ich mich aufs Bett. Ich bin mutlos und mag nicht mehr weiterkämpfen.

Doch plötzlich vernehme ich eine leise, sanfte Stimme: *Christine, steh auf!* Ich verteidige mich: *Ich würde ja gerne aufstehen – aber ich schaffe es nicht.*

Von den Sorgen um meine Kinder fühle ich mich wie erschlagen. Es fühlt sich an, als würde ich meine Töchter buchstäblich auf meinen Schultern tragen.

Es ist, als würde Gott mir antworten: *Du kannst diese Last nicht mehr tragen? Ich verstehe dich. Doch schau mal: Siehst du den, der dich trägt?*

Während Gott zu mir spricht, spüre ich die Last meiner Familie, die ich zu tragen habe, und fühle mich gleichzeitig von ihm getragen.

Gott fordert mich weiter auf: *Christine, aufstehen! Du wirst sehen …*

Doch ich argumentiere: *Wenn ich aufstehe – wie soll ich mich um meine Kinder kümmern? Ich kann nicht so tun, als ob alles in Ordnung wäre …*

Auf einmal leuchtet es mir ein: Wenn ich aufstehe, fallen meine Kinder, um die ich mir auf eine schlechte Weise Sorgen mache, an die gleiche Stelle wie ich: in die Arme des himmlischen Vaters. Also steige ich aus dem Bett und mache mich daran, die alltäglichen Pflichten zu verrichten.

Ich hatte mir die Last meiner Kinder, denen es nicht gut ging, aufgebürdet. Zu einem bestimmten Zeitpunkt vertraute ich nicht mehr auf Gott und nahm seine Stelle ein. Ich habe meine Lektion gelernt: Ihm meine Kinder anbefehlen, sie in seine Arme legen und ihm zu vertrauen. Er liebt meine Kinder noch mehr als ich. Von nun an darf ich mich nicht mehr zwischen meine Kinder und ihren himmlischen Vater stellen, weil meine Haltung seinen Plänen, die er für sie im Sinn hat, im Weg steht.

„Kann eine Mutter ihren Säugling vergessen? Bringt sie es übers Herz, das Neugeborene seinem Schicksal zu überlassen? Und selbst wenn sie es vergessen würde – ich vergesse dich niemals!"
Jesaja 49,15 (Hfa)

Der Ratschlag von oben

Gott liebt uns und möchte persönlich zu uns sprechen. Er redet auf verschiedene Weise: durch die Bibel, durch andere Menschen, durch Umstände, die Natur, durch Träume und Visionen. Er spricht auch unmittelbar zu unserem Verstand. Um mich aus meiner Neigung zum Muttertyp „überbesorgte Glucke", die für unsere Kinder mehr als schädlich ist, herauszuholen, musste Gott mehrere Anläufe nehmen und mich auf verschiedene Arten ansprechen. Doch er gibt nicht auf!

Kommunizieren lernen

Da ich ein sehr spontaner Mensch bin, habe ich häufig voreilige Entscheidungen getroffen, die schlecht durchdacht waren. Nach meiner Scheidung brauchte ich einige Zeit, um mir den Reflex abzugewöhnen, meinen Mann anzurufen, um ihn um Rat zu

fragen. Normalerweise gehört das zu den Aufgaben eines Partners.

Aus meinem Mangel, kein Gegenüber zu haben, der mir Hilfe
und Schutz bietet, ist eine Stärke geworden, da ich lernen musste,
Gott – unseren besten Ratgeber – nach seiner Meinung zu fragen. Menschen, die mich zum Beispiel um einen Gefallen bitten,
antworte ich: „Ich gebe dir Bescheid, sobald ich Klarheit darüber
habe." Ich verlasse mich also auf Gott.

Wenn ich vor einer Entscheidung stehe, schreibe ich meine
Frage an Gott auf ein Blatt Papier. Die Antwort, die er mir meinem Eindruck nach gibt, schreibe ich darunter. Auf die gleiche
Art führe ich das Gespräch weiter, bis ich Klarheit über die Situation bekomme. Solche Zeiten mit Gott von Herz zu Herz sind
immer ermutigend für mich.

33. Ich entscheide mich gehorsam zu sein

Auf Anfrage meiner Kirchengemeinde hin beherberge ich zwei Männer, die auf einer Konferenz bei uns Gastredner sind. Einer von ihnen gefällt mir. In meinen Augen entspricht er einem gewissen männlichen Schönheitsideal. Beeindruckt bin ich vor allem von seiner Hingabe an Gott und an seine Arbeit sowie von seinen rhetorischen Fähigkeiten. Nach dem Ende des Tagesprogramms sitzen wir oft bei mir zu Hause und setzen das Gespräch bei einer Tasse Kaffee fort. Wir reden auch über unsere persönliche Lebenssituation und unsere Lebensziele.

Der Mann, mit dem ich mich besonders gut verstehe, signalisiert Interesse an mir, was mich verunsichert. Dann zeigt er mir ein Foto von seiner Frau und seinen Kindern. Seine älteste Tochter werde in drei Monaten heiraten, verkündet er mir nicht ohne Stolz. *Versucht er eine Grenze zu setzen?*

Meine Gefühle beginnen verrückt zu spielen. Ich muss etwas unternehmen! Ich bitte Freunde, meine Gäste für die verbleibenden zwei Tage aufzunehmen.

Am Abreisetag begleite ich den Mann zum Flughafen, während sein Kollege seinen Aufenthalt in der Region verlängert. Zuvor habe ich bei der Bank Geld abgehoben und in einen Briefumschlag gesteckt. Ihn überreiche ich ihm mit den Worten: „Nehmen Sie das, es ist für Ihre Frau. Ich möchte gerne, dass sie sich ein neues Kleid für die Hochzeit Ihrer Tochter kaufen kann."

Den Ausdruck seiner Augen, die sich bei diesen Worten mit Tränen füllten, werde ich nie vergessen. Er gesteht mir: „Wissen

Sie, Gott ist wirklich gut! Gestern früh habe ich ihm gesagt, dass ich nicht wisse, wie ich meiner Frau für diesen Anlass ein neues Kleid schenken könne. Vielen, vielen Dank!"

Ich verabschiede mich von meinem Gast. Auf dem Rückweg weine ich ungehemmt. Ich bin traurig, aber zugleich auch stolz. Stolz darauf, mit Gottes Hilfe einen Sieg davongetragen zu haben und der Ehefrau meines Gastes etwas Gutes getan zu haben.

Ich werde nie erfahren, ob dieser Gast all das bemerkt hat, was während dieser fünf Tage in meinem Kopf und meinem Herzen ablief und warum er während seines Aufenthaltes die Unterkunft wechseln musste. Wie dem auch sei: Ich bin froh, gehorsam gewesen zu sein.

Von der echten Liebe geleitet

Die Zehn Gebote sind auf der Liebe Gottes gegründet. Unser himmlischer Vater möchte uns nicht frustrieren, wie unsere Seele und unsere Gesellschaft es ihm häufig vorwerfen. Stattdessen hat er nur im Sinn, dass wir und alle anderen Menschen aufblühen und reifen. Wir gehorchen Gott nicht aus Angst vor den Konsequenzen oder davor, ihm zu missfallen, sondern aus Liebe und im Vertrauen. Wer kann uns besser verstehen, beraten und leiten als unser himmlischer Vater?

Unseren Charakter festigen

Manche Momente und Lebensabschnitte sind wahre Charakterprüfungen.

Doch unser Charakter wird gefestigt, wenn wir beginnen, nach Gottes Plan zu leben – das bedeutet auch, Gehorsam zu üben.

Gehorsam hat seinen Preis

Manchmal müssen wir einen hohen Preis bezahlen, um gehorsam zu bleiben (in meinem Fall bedeutete dies, diesen Mann zu bitten umzuziehen, obwohl ich mich in seiner Gegenwart wohlfühlte, und seiner Frau ein Geschenk zu überreichen).

Damit wir die Kraft zum Gehorsam haben, ist es unerlässlich, die Beziehung zu unserem himmlischen Vater zu pflegen, indem wir regelmäßig Zeit mit ihm verbringen. Meine allmorgendliche Gebets- und Bibellesezeit ist für mich so lebenswichtig wie die Luft zum Atmen. Gott gibt uns die Kraft, das zu tun, wonach uns momentan nicht zumute ist, was jedoch im Hinblick auf die Zukunft richtig ist und seinem Willen für uns entspricht.

*„Wer meine Gebote annimmt und danach lebt,
der liebt mich. Und wer mich liebt, den wird mein Vater
lieben. Auch ich werde ihn lieben und mich ihm
zu erkennen geben."*
Johannes 14,21 (Hfa)

34. Eine Oase in der Wüste

Wir organisieren eine Reise nach Nordafrika und laden alle Gemeindemitglieder ein mitzufahren", lautet die Ankündigung eines Missionars unserer Gemeinde.

Wäre dies nicht eine Gelegenheit für meine Tochter und mich? Sofort schlage ich ihr vor, mich auf diesem Abenteuer zu begleiten. „Diese Reise wird uns auf andere Gedanken bringen", sage ich mir. Tatsächlich entführt uns die Wüste in eine andere Welt. Wir reisen auf Eselsrücken und besuchen ein Waisenhaus. Die Landschaft ist atemberaubend. Doch in meinem Inneren lebt noch immer eine andere Wüste ...

Einem der Teilnehmer wurde das gesamte Gepäck gestohlen. Alle sind erschüttert und kümmern sich um dieses Problem. Es handelt sich um eine nicht allzu große Menge an Kleidung, Wertsachen und persönlichen Gegenständen. Ich hingegen habe meinen Ehemann verloren, was niemand zu bemerken scheint.

Während die Jugendlichen die Zelte aufbauen und das Lagerfeuer vorbereiten, ziehe ich mich mit meiner Bibel und meinem Tagebuch zurück. Ich muss mit Gott reden. Ich fühle mich so, als wäre ich entzweigeschnitten worden – von oben nach unten.

Beim Bibellesen habe ich verstanden, dass ich als Reaktion auf meine Traurigkeit und Verzweiflung Gott loben muss. Also setze ich das Gelernte in die Praxis um: Ich spreche Gott mein Vertrauen aus, sage ihm, dass ich glaube, dass er souverän sei und mehr tut, als ich mir momentan vorstellen kann. Ich danke ihm dafür, dass er mein Fürsprecher, mein Freund, mein Erretter und mein Leiter ist. Ich sage ihm, dass ich weiß, dass er wunderbare Pläne für mich hat, dass er sie ausführen und mein Leben zu einem guten Ende führen wird.

Während ich Gott lobe, habe ich den Eindruck, als ob eine hauchfeine Hautschicht sich um meine Wirbelsäule legen würde. Vor meinem inneren Auge sehe ich eine dünne Schutzschicht meine Wunde bedecken – so wird der Fortschritt meines Heilungsprozesses sichtbar. Ich fühle mich erneuert. Auch in den darauffolgenden Tagen verbringe ich viel Zeit mit meinem himmlischen Vater. Jedes Mal habe ich den Eindruck, als ob eine neue Hautschicht sich hinzufügt und mich stärkt. In der äußeren und inneren Wüste habe ich die Kraft des Lobpreises und seine heilungsfördernde Wirkung entdeckt.

Gott loben – trotz allem

Anbetung aus der Tiefe des Leidens ist für Gott sehr kostbar. Ich lobe Gott nicht deshalb, weil es mir gut geht. Ich lobe ihn, weil ich weiß, dass er alles in seiner Hand hält und dass meine Schwächen seine Stärken sind. Er hat immer eine Lösung.

In Zeiten großer seelischer Schmerzen eine Haltung der Anbetung einzunehmen ist eine Herausforderung. Wir setzen unser Vertrauen völlig auf unseren himmlischen Vater und freuen uns daran zu erleben, wie er die Probleme lösen wird.

Hagars Geschichte

Hagars Geschichte (nachzulesen in 1. Mose, Kapitel 16 und 21) gibt uns ein Beispiel für eine innere Haltung der Anbetung mitten im Leid. Weil Gott Sara den verheißenen Sohn noch nicht geschenkt hat, gibt sie ihrem Mann Abraham ihre Dienerin Hagar als Ersatzfrau. Als Hagar schwanger wird, behandelt ihre Herrin sie schlecht. Hagar flieht in die Wüste. Doch Gott sieht ihren Schmerz. Er sendet einen Engel zu ihr, der ihr versichert, dass Gott um ihre Kämpfe wisse und sich um sie und ihr Baby kümmere. Von dieser Begegnung ist Hagar so überwältigt, dass sie Gott einen neuen Namen gibt: „Darum gab sie dem Herrn, der mit ihr gesprochen hatte, den Namen: ‚Der Gott, der mich anschaut" (1. Mose 16,13; Hfa).

Hagar wird Botschafterin einer wichtigen Nachricht: Selbst wenn die Menschen Sie ablehnen, selbst wenn Sie den Eindruck haben, niemand würde von Ihrem Leid Notiz nehmen und Sie müssten allein für Ihre Kinder sorgen – es gibt jemanden, der Sie sieht und sich um Sie kümmert: Sie sind niemals allein.

35. Gott vergibt mir

Erst nach meiner Scheidung werden mir bestimmte Reaktionen meinerseits auf das verletzende Verhalten meines Mannes bewusst; meine Handlungsweisen waren unangemessen. Ich banalisierte mein schlechtes Verhalten, indem ich mir versicherte, dass es normal sei, auf diese Art zu reagieren.

An einem Sonntagabend saß die ganze Familie am Küchentisch. Mein Mann ärgerte sich darüber, dass ich kein üppiges Abendessen gekocht hatte und fragte mich in einem aggressiven Ton: „Ist das alles, was du zubereitet hast?"

Eine meiner Töchter schritt ein und versuchte die Situation zu retten. Vergebens.

Wütend stand mein Mann auf, um Spaghetti zu kochen. Niemand bekam mehr einen Bissen herunter. Die Kinder und ich waren perplex. Weil ich in Gegenwart meiner Töchter keinen Konflikt austragen wollte, flüchtete ich mich in mein Schlafzimmer unter dem Vorwand der Müdigkeit. Die Kinder blieben allein, von ihren Eltern vergessen: einem Vater, der mit seinen Kochtöpfen beschäftigt war und einer Mutter, die sich in ihrem Schlafzimmer verkroch! *Was für ein schlechtes Vorbild habe ich ihnen doch gegeben! Wenn ich doch nur die Zeit zurückdrehen könnte!*

Unsere Verantwortung übernehmen

Für unsere Reaktionen sind wir selbst verantwortlich. Wir haben nicht das Recht, jemand anderem die Schuld für unser Verhalten zuzuschieben. In meinem Fall habe ich Gott um Vergebung gebeten. Gott vergibt uns vollständig, ohne uns Vorwürfe zu machen. Grund genug, unsere Fehler nicht herunterzuspielen oder zu versuchen sie zu verbergen. Es ist wichtig, sich selbst gegenüber ehrlich zu sein. Unser schlechtes Verhalten und unsere unangemessenen Reaktionen zu verharmlosen ist nicht gerechtfertigt. Gott verurteilt uns nicht und er ist hundertprozentig für uns.

„Sind wir bereit, jeder Rechtfertigung zu entsagen, das heißt, keine mildernden Umstände geltend zu machen? Wir müssen fähig sein, unsere Fehler ehrlich einzugestehen und zu akzeptieren, dass wir schuldig sind, um unserer Verantwortung im Leben gerecht zu werden."[15]

Nach einer gescheiterten Ehe haben wir möglicherweise den Eindruck, lediglich eine geringe Schuld zu tragen. Selbst wenn das auf uns zutrifft, müssen wir uns mit diesem Anteil beschäftigen.

„Und vergib uns unsere Schuld."
Das Vaterunser

Flucht vor Problemen

Oft bringen wir das Verhalten des anderen als Entschuldigung für unser schlechtes Verhalten an. Ich hatte die Gewohnheit, Konflikten und Problemen aus dem Weg zu gehen, indem ich mich in mein Bett flüchtete. Durch diese Einstellung überließ ich die Kinder sich selbst, sodass ihr Schmerz sich verdoppelte.

Versöhnung mit Gott

„Die Versöhnung mit Gott ist ein Geschenk, das der Mensch annehmen oder ablehnen kann. Um uns mit Gott zu versöhnen, müssen wir uns zunächst der Wahrheit stellen und anerkennen, dass wir vor Gott von Grund auf nicht als Gerechte, sondern als

Schuldige dastehen. Wenn wir das, was Jesus durch seinen stellvertretenden Tod am Kreuz vollbracht hat, annehmen, können wir das Geschenk der Versöhnung mit Gott empfangen. Aus diesem Grund schenkt Gott uns Vergebung.

Wenn wir uns unsere eigene Schuld eingestehen und unsere Fehler vor Gott als Sünde bekennen, können wir sicher sein, dass Gott uns vergibt und uns gerecht spricht (1. Johannes 1,8-9)."[16]

36. Ich entscheide mich zu vergeben

Beim Kochen höre ich mit halbem Ohr Radio. Plötzlich weckt das Thema der Sendung meine Aufmerksamkeit und ich höre hoch konzentriert zu.

In Texas wird heute ein Mann nach einer mehrjährigen Gefängnisstrafe hingerichtet. Er wird des Mordes an einem Mädchen beschuldigt. Ein Journalist interviewt die Eltern des Opfers. Die Mutter verkündet mit gebrochener und harter Stimme, dass diese Tragödie ihr Leben zerstört habe. Es sei nun an der Zeit, dass der Schuldige dafür büße. Sie habe keinerlei Mitgefühl oder Mitleid mit dem Mörder.

Der Vater reagiert völlig anders. Er erklärt, dass der Mord an seiner Tochter auch sein Leben auf den Kopf gestellt habe. Die Hinrichtung würde ihm keinerlei Zufriedenheit verschaffen. Sie würde ihm seine Tochter nicht zurückgeben. Seiner Ansicht nach sei der Mörder bereits genug bestraft. Zwar hatte es einige Zeit gedauert, aber er habe die Kraft aufgebracht zu vergeben. Heute empfinde er Mitleid mit dem Täter und bete für ihn. Er hege keinerlei Rachegedanken.

Diese beiden Menschen haben ihre geliebte Tochter verloren. Die Ausgangslage ist dieselbe, doch ihre Reaktionen darauf sind komplett verschieden.

Beeindruckt von dieser Einstellung falte ich meine Hände zum Gebet und erkläre fest entschlossen: „Jesus, was auch immer mir im Leben widerfährt, lass mich bitte dem Beispiel dieses Vaters folgen. Bewahre mich davor, in Groll und Bitterkeit zu versinken. Hilf mir, denen zu vergeben, die mir Leid zugefügt haben."

Den anderen in die Freiheit entlassen, um wieder Frieden zu finden

Wie können wir vergeben?

- Mir über meine eigene Situation klar werden.
- Meine Verantwortung eingestehen (siehe Kapitel 35).
- Meine Verletzung ernst nehmen, indem ich ehrlich mit meinen Gefühlen umgehe. Denjenigen, der mich verletzt hat, beim Namen nennen und die Emotionen und Verletzungen zum Ausdruck bringen, indem ich sie Gott vortrage. Jedes Gefühl und jede Verletzung beim Namen nennen! Alle Anklagen – ob gerechtfertigt oder nicht – ausformulieren.
- Ich vergebe, indem ich einen Punkt nach dem anderen aufzähle.
- Ich entscheide mich, den Schuldigen in die Freiheit zu entlassen: „Solange wir den anderen nicht vergeben, halten wir sie quasi im Gefängnis unserer inneren Welt. Somit sind wir gezwungen, unser Leben mit ihnen zu teilen. Mit der Aussage ‚Ich vergebe dir' erkläre ich: ‚Du bist mir nichts mehr schuldig. Ich brauche nichts mehr von dir, was es auch sei; ich entlasse dich in die Freiheit.' Welche Erleichterung werden wir erleben, wenn wir schließlich durch solches Vorgehen einen Menschen aus unserem Gefängnis entlassen können!"[17]
- Meine Vergebung bestätigen, wenn ich erneut angegriffen werde.

„Sie sitzt immer noch im Gefängnis"

Der brasilianische Schriftsteller Paulo Coelho wurde zusammen mit seiner Ehefrau gefangen genommen und gefoltert, weil sie das Regime kritisiert hatten. Während seiner Inhaftierung war es dem berühmten Schriftsteller verboten worden, mit seiner Frau zu sprechen. Jeder Regelverstoß bedeutete einen Aufenthalt in der Isolierzelle. Wenn seine Frau durch die Mauer hindurch mit ihm Kontakt aufnehmen wollte, ignorierte er sie aus Angst vor den Konsequenzen. Die schrecklichen Folgen seiner Verweigerung zeigten sich nach der Freilassung beim Wiedersehen mit seiner Frau. Sie sagte ihm: „Ich will nie wieder mit dir sprechen und ich verbiete es dir, meinen Namen auszusprechen."

Wann immer er von ihr sprach, bezeichnete er sie als „namenlose Frau".

Zehn Jahre später trafen sie sich wieder. Paulo Coelho schlussfolgert: „Sie sitzt immer noch im Gefängnis. Ich bin draußen. Ein Mann, der von Rachegelüsten geleitet wird, ist verloren, weil er sich selbst zerstört."[18]

37. Wenn der andere auf „nicht schuldig" plädiert

Eines Tages beschließe ich, zwischen mir und der Freundin, die mir meinen Ehemann weggeschnappt hat, reinen Tisch zu machen. Ich schreibe ihr einen Brief, in dem ich ihr meine Vergebung zuspreche. Bald darauf erhalte ich von ihr ein Antwortschreiben. Mit leicht zittrigen Händen öffne ich den Brief. *Was erwartet mich darin?*

„Ich habe mich über deinen Brief so gefreut, Christine!" *Uff, der Anfang klingt gut!* Ich springe zu den nachfolgenden Zeilen: „Ich bin so froh, dass du einsiehst, dass mich in der ganzen Sache keine Schuld trifft." Ich traue meinen Augen nicht! Nun fühle ich mich noch schlechter als vor dem Verfassen des Briefes. Enttäuscht zerreiße ich das Schriftstück. Ich habe einen Schritt auf sie zu gemacht. Sie beharrt auf ihrer Meinung. Meine Vergebungsbereitschaft wird erneut infrage gestellt. *Bin ich verpflichtet, jemandem zu vergeben, der sich für unschuldig hält?*

Zehn Jahre später treffe ich sie zufällig in einem Supermarkt. Das ist erstaunlich, denn zwei Tage zuvor habe ich beim Beten an sie gedacht. Ich habe ihr vergeben und Gott gesagt, dass ich dazu bereit wäre, sie wiederzusehen.

Spontan lade ich sie auf einen Kaffee ein. Ich würde gerne erfahren, was nach all den Jahren aus ihr geworden ist, und auch sie ist interessiert. Seither ist viel passiert. Ihr Verhältnis mit meinem Mann hielt nur zwei Jahre. Während sie von dieser Zeit erzählt, merke ich ihr an, dass sie nicht besonders stolz auf sich ist. Zum Schluss gesteht sie, dass sie heute anders handeln würde, wenn sie mehr als freundschaftliche Gefühle für einen verheirateten Mann empfinden würde. Doch eine Entschuldigung höre ich nicht von ihr. Glücklicherweise habe ich diesbezüglich keine Erwartungen mehr. Ich fühle mich befreit und ich erkenne, dass ein Kampf gewonnen ist. Wir plaudern noch ein wenig, bevor wir uns freundschaftlich voneinander verabschieden.

Für mich ist die Sache bereinigt und abgeschlossen. Wir werden nicht gemeinsam in den Urlaub fahren, doch sollte ich sie morgen oder in einem Jahr wiedertreffen, werde ich keinen Stich im Herzen spüren.

Lassen Sie sich Zeit

Bis wir jemandem vollständig vergeben haben und nicht mehr leiden, liegt ein weiter und schwerer Weg vor uns. Manchmal haben wir den Eindruck, die Sache wäre abgeschlossen, doch dann kommen die Bitterkeit und die Wut wieder hoch – ausgelöst durch ein Ereignis, eine Begegnung, eine Erinnerung oder ein Wort. Das kann zwar entmutigend sein, doch wir dürfen uns nicht einreden, dass wir nicht vorankämen – und damit in eine Falle geraten. „Rückfälle" gehören zu diesem Weg dazu, doch mit der Zeit werden die „Fallgruben" immer seltener und kleiner. Lasst uns durchhalten! Vergebung ist ein Lebensstil, der die Mühe wert ist und uns immer belohnt (siehe Kapitel 36).

Giftige Rachegelüste

Wir dürfen unseren Rachegefühlen nicht nachgeben. Rache ist eine Teufelsspirale, die eine Wechselwirkung hervorruft und eindeutig tödlichen Beigeschmack hat.

Vergebung: Ein Geschenk an ... sich selbst

Jesus hat uns ein Beispiel gegeben: Selbst dann, wenn der Mensch, der uns verletzt hat, seine Fehler nicht einsieht, haben wir die Möglichkeit, uns aus seinem Einflussbereich zu befreien, indem wir ihm vergeben. Wir sind nur für unsere eigene Reaktion und für unsere eigenen Entscheidungen verantwortlich, nicht für die des anderen.

Bedingungslose Vergebung

Wenn wir Menschen begegnen, die ihre Vergehen nicht einsehen, finden die Worte Jesu am Kreuz Anwendung. In seinen letzten Atemzügen wendet er sich denjenigen zu, die im Begriff sind, ihn zu töten und betet: „Vater, vergib ihnen, denn sie wissen nicht, was sie tun" (Lukas 23,34; Hfa). Jesu Vergebung ist nicht an Bedingungen geknüpft; sie ist unabhängig von der Einstellung seines Gegenübers.

38. Gott kennt mein Herz

Ich beschließe an einem Kongress für Frauen in Winterthur teilzunehmen. An die Einzelheiten der Vorträge erinnere ich mich nicht mehr, doch ein besonderer Moment bleibt unvergesslich.

Die Referentin spricht über Tamar (1. Mose 38,6-30). Diese Frau hat einen Ehemann verloren und auch ihr zweiter Mann starb. Die „Krönung" ihrer Tragödie: Ihr Schwiegervater hält sein Versprechen nicht, indem er ihr seinen dritten Sohn nicht zum Mann gibt. Damals war es eine Katastrophe, keinen Erben zu haben.

Deshalb wendet Tamar eine List an, um ihre guten Erinnerungen wachzurufen.

Sie gibt sich als Prostituierte aus, schläft mit ihrem Schwiegervater und wird schwanger. Man beschuldigt sie des Ehebruchs und will sie töten. Doch sie schafft es, ihre Unschuld zu beweisen. Ihr Schwiegervater ist verpflichtet, sie mit den Worten „Sie ist gerechter als ich" freizusprechen. Er nimmt sie für den Rest ihres Lebens bei sich auf.

Die Referentin erklärt unter anderem, andere Menschen würden dem Opfer manchmal vorwerfen – verbal oder nonverbal –, die Tragödie „begünstigt" zu haben. Am Ende ihres Vortrags sagt sie, dass unter den vielen Teilnehmerinnen mehrere Frauen unter einer falschen Anklage litten. Ohne nachzudenken folge ich ihrem Aufruf und gehe nach vorn. Eine neue Facette meines Seelenschmerzes wird ans Licht gebracht. Bis zum jetzigen Zeitpunkt hatte ich sie nicht benennen können. Ich spüre einen derart starken Schmerz, dass ich selbst darüber erstaunt bin und weine wie nie zuvor. *Was passiert da in mir? Warum reagiere ich so heftig auf Tamars Geschichte?*

Mir wird deutlich, dass ich mich mit Tamar identifiziere, die zwei Ehemänner verloren hat und deren Leid durch die falschen Anschuldigungen ihrer Bekannten zusätzlich verschlimmert wurde.

Die Wirkung der Worte

Wenn wir mit schwierigen Situationen zu kämpfen haben, verschlimmern andere Menschen manchmal unser Leid. Ich denke dabei an schwer kranke Menschen, denen vorgeworfen wird, nicht genug Glauben zu haben oder nicht ausreichend gebetet zu haben. Ich denke an Frauen, die vergewaltigt wurden und zweideutige Bemerkungen über ihre angeblich aufreizende Kleidung hören. Geschiedene hören manchmal Kommentare dieser Art: „Für das Scheitern einer Ehe bedarf es immer zwei." Oder: „Nachdem ich deine Version gehört habe, würde ich gerne seine Sicht der Dinge erfahren."

Zwar wissen wir, dass wir nicht perfekt sind, doch Bemerkungen dieser Art lösen Unbehagen aus. Das kann auch auf professioneller Ebene passieren. Ein Eheberater hat mir einmal gesagt: „Wissen Sie, Frau Koenig, wenn Sie eine Hyäne umherlungern sehen, bedeutet das, dass ein Kadaver in der Nähe ist."

Wenn die Hyäne (in meinem Fall war es eine andere Frau) von etwas angezogen wurde, dann vom Geruch des Todes – des Todes unserer Ehe. *Ist dies nicht letzten Endes eine Legitimation des Ehebruchs?* Es ist wichtig, dass wir diese Kommentare und ihre Wirkung auf uns entlarven und mit einer gewissen Distanz betrachten.

Die Last der Schuld

In Anbetracht der vorangegangenen Ereignisse kann die Last der Schuld sehr schwer sein. Zum Glück haben wir einen Gott, der keine Anklage gegen uns erhebt. Er weiß um alle Dinge und er wird Gerechtigkeit üben. Durch Jesus befreit er uns von dieser Last und spricht uns gerecht (siehe Kapitel 35).

39. Ich lerne Dankbarkeit

Ich betrachte mein Leben und ziehe Bilanz. Dabei stelle ich fest, dass mir viele negative Dinge sehr präsent sind. Mir ist danach, mich bei allen über mein trauriges Schicksal zu beklagen. Ich kenne jedoch das berühmte deutsche Sprichwort: „Danken schützt vor Wanken. Loben zieht nach oben." Ja, ich würde gerne eine dankbarere Frau werden. Das wäre so viel schöner. Ich stelle mich also der Herausforderung und versuche Dankesanliegen zu finden. Zu Beginn finde ich diese Übung gar nicht so einfach.

Welche Gründe dankbar zu sein, kann ich Gott vorbringen?

Ja, es stimmt: Ich habe Freunde und Hilfe bei der Verantwortung für meine Töchter ... *hmm* ... mein Exmann pflegt eine gute Beziehung zu unseren Töchtern. *Und was noch?* Wir leben in einem schönen Haus. *Und sonst? Uff* ... Ich zerbreche mir den Kopf. Tatsächlich gibt es viele Dinge, die gut laufen und je länger ich darüber nachdenke, umso länger wird die Liste. Gott hat bereits in so vielen Situationen zu unseren Gunsten eingegriffen! Ich bin gesund, Mitglied einer Kirchengemeinde, in der ich mich wohlfühle ... Ich danke ihm für alles, was er für mich getan hat. Ich sage ihm Danke dafür, dass er mich durch Gefahren und schwere Zeiten geführt hat. Ich danke ihm für die Heilungen und Veränderungen, die er nach meinem inneren Zerbruch in mir bewirkt hat. Für jeden einzelnen Tag meines Lebens bin ich ihm dankbar, weil ich mich von ihm getragen fühle.

Meine Neigung, mich auf die Widrigkeiten zu konzentrieren und mich zu beklagen, weicht zunehmend der Fähigkeit, die guten Dinge wahrzunehmen. Ich werde immer dankbarer. Dies bedeutet nicht, dass ich das Verständnis für Herausforderungen,

Gefahren und Bedürfnisse verliere. Allerdings lösen sie immer seltener Niedergeschlagenheit und Resignation bei mir aus. *Wenn Gott mir in der Vergangenheit so zuverlässig aus der Klemme geholfen hat, warum sollte ich nicht fähig sein, auch morgen und übermorgen das Unglück zu besiegen?*

Dankbarkeit ist eine Entscheidung

Wir können unseren Blick und unsere Gedanken auf all das richten, was in unserem Leben und auf der Welt schlecht läuft. Im Gegensatz dazu können wir uns auch auf mögliche Lösungen konzentrieren. Wie meine Mutter sagte: „Es ist besser, eine Lampe anzuzünden, als sich über die Dunkelheit zu beschweren."

Vergessen Sie die Wunder nicht

Wir neigen schnell dazu, die kleinen und großen Wunder zu vergessen. Versuchen wir also die Momente, in denen wir den Eindruck hatten, Gott habe eingegriffen, schriftlich festzuhalten! So können wir sie uns in schwierigen Zeiten, wenn alles schlecht zu laufen scheint, in Erinnerung rufen. Die Gedanken geben uns neuen Mut. Suchen Sie sich dazu ein besonderes Notizbuch aus und schreiben auf, wenn Sie etwas Schönes erlebt haben. Auch ein hübsches Einmachglas kann dazu dienen. Stellen Sie es einfach dorthin, wo Sie mehrfach täglich entlanglaufen und legen Sie Zettel und Stift daneben. So können Sie auch mal schnell zwischendurch einen dankbaren Gedanken aufschreiben.

Ich will den Herrn loben und nie vergessen,
wie viel Gutes er mir getan hat.
Psalm 103,2 (Hfa)

Gut für unsere Mitmenschen

Wenn wir in den Prüfungen des Lebens standhaft und voller Vertrauen bleiben und weiterhin Gott danken und ihn loben, wird diese innere Haltung unsere Kinder und die Menschen in unserem Umfeld erheblich beeinflussen. Die Geschichte einer jungen Witwe hat mich beeindruckt. Vor jeder Mahlzeit dankte sie dem Herrn für den gedeckten Tisch, die netten Nachbarn, die guten Schulnoten der Kinder und die Fürsorge ihres himmlischen Vaters. Als ein Schulpsychologe eines ihrer Kinder untersuchte, stellte er erstaunt fest, dass dieser Junge, der ohne seinen Vater aufgewachsen war, eine gesunde Persönlichkeitsstruktur und eine stabile emotionale Verfassung hatte. Zwar ist sein irdischer Vater nicht mehr da, doch sein himmlischer Vater hat für ihn gesorgt und ihn nie verlassen. Das dankbare Herz der Mutter ist der ganzen Familie eine Kraftquelle geworden.

40. Ich verändere meinen Gebetsstil

In einigen Tagen werde ich zu einer Kreuzfahrt aufbrechen. Meine Vorfreude ist riesig. Am Abend blättert eine meiner Töchter das Reiseprospekt durch, worin auch der Reiseverlauf beschrieben wird. Plötzlich ruft sie: „Mama! Helga Anton wird auf dem Schiff Vorträge halten!" Sie hatte eine der vielen Bücher dieser deutschen Schriftstellerin, die an einer Sehschwäche litt, gelesen. „Ich würde sie sehr gerne hören. Es wäre super, mit ihr sprechen zu können. Gibt es noch freie Plätze? Ich würde gerne mit dir zusammen reisen!" Gesagt, getan.

Eine Woche später sitzen wir beide in einem Veranstaltungsraum des Schiffes, als Helga Anton und ihre Begleiterin hereinkommen. Sie bleiben unerwartet stehen und wenden sich uns zu: „Ich habe den Eindruck, dass ich mit Ihnen sprechen muss", erklärt uns Frau Anton. Das war der Moment, auf den meine Tochter gehofft hatte. Sie nutzt die Gelegenheit, um das auszusprechen, was ihr das Herzen beschwert. Helga Anton, eine Frau des Gebets, hört aufmerksam zu und antwortet meiner Tochter. Sie ermutigt uns, uns in unseren Gebeten auf Gottes Verheißungen zu konzentrieren: „Schau mal, was deine Ängste angeht, kannst du dich auf die Verheißung stützen, die Gott uns in der Bibel gibt: ‚Ich bin bei euch alle Tage'. Um deine Ängste zu besiegen, kannst du dich an Gott wenden, der dir verspricht, bei dir zu sein", erläutert sie uns. „Wir haben die Gewohnheit, uns im Gebet auf Probleme zu fokussieren, doch seine Verheißungen sind unwiderruflich und helfen uns, unser Lebensziel nicht aus den Augen zu verlieren."

Zu erleben, wie Gott den Bedürfnissen meiner Tochter begegnet war, war eine starke Ermutigung für mich. Außerdem haben

Frau Antons Worte meinen Gebetsstil maßgebend geprägt. Seitdem versuche ich, mich stärker auf die zahlreichen Verheißungen Gottes zu stützen. Ich bete im Vertrauen und Glauben, dass er mir antworten wird.

Gottes Verheißungen

In der Bibel liefert Daniel uns ein gutes Beispiel eines Menschen, der sich voll und ganz auf Gottes Verheißungen verlässt und sich nicht von Ängsten und Sorgen erdrücken lässt. An dem Tag, als Daniels Feinde sich gegen ihn verschwören, „ging [Daniel] in das obere Stockwerk seines Hauses, wo er die Fenster, die nach Jerusalem zeigten, immer geöffnet hielt. Trotz des Verbotes kniete er sich nieder, dankte und lobte Gott und flehte ihn an, wie er es auch sonst dreimal täglich machte" (Daniel 6,11; NL).

Seine Fenster waren in Richtung Jerusalem (Gott) geöffnet, und nicht in Richtung Babylon (Gefahren, Schwierigkeiten, Versuchungen der Welt).

In welche Richtung ist Ihr Fenster geöffnet? In Richtung der Verheißungen oder der Widrigkeiten?[19]

Gott aber kann viel mehr tun, als wir jemals von ihm erbitten oder uns auch nur vorstellen können. So groß ist seine Kraft, die in uns wirkt.
Epheser 3,20 (Hfa)

1. Petrus 5,7   Jeremia 30,18

Matthäus 5,4   Psalm 147,3

Josua 1,4

Jesaja 55,12

Nehemia 8,10

Philipper 4,6

2. Korinther 1,20

Wundersames Eingreifen

Während meines Lernprozesses in Sachen Vergebung lerne ich Kathy kennen. Die Lebensfreude dieser Frau ist beeindruckend. Sie hat sich entschieden zu vergeben und handelt danach. Sie ist für mich ein Vorbild geworden. Hier ist ihre Geschichte:

Als ich mit meinem ersten Kind schwanger bin, heirate ich als Zwanzigjährige den Mann meines Lebens. Drei Jahre später bekommen wir noch einen Sohn – unsere Familie ist komplett. Im selben Jahr erfahre ich von unserem Hausmeister, dass mein Mann mich mit einer Nachbarin betrügt. Ich spreche ihn darauf an, in der Hoffnung, dass diese Gerüchte nichts weiter als Lügen sind. Doch mein Mann bestätigt seinen Seitensprung. Er bezeichnet seine außereheliche Beziehung als eine Dummheit und verspricht, sie nicht mehr zu wiederholen. Ich verzeihe ihm. Unser gemeinsames Leben ist gekennzeichnet von Höhen und Tiefen. Auf der einen Seite bin ich mit einem charmanten Ehemann verheiratet, der beruflich engagiert ist und gut für seine Familie sorgt. Auf der anderen Seite wird unser Familienleben durch seine vielen Affären, die er trotz seines Versprechens hat, vergiftet.

Elf Jahre nach unserer Hochzeit bittet mich mein Mann um eine Trennung. Er möchte lieber mit einer anderen Frau zusammenleben. Im selben Jahr stirbt mein Vater. Innerhalb kurzer Zeit verliere ich die zwei Männer, die ich am meisten liebe. Das ist zu viel für mich!

Ich bekomme unerwarteten Besuch von einem Pastor, der mir von Gott erzählt. Ich höre, was er sagt, ohne es wirklich zu verstehen. Wenn es Gott wirklich gibt, soll er sich mir zeigen, gerne möchte ich ihn kennenlernen. In der darauffolgenden Nacht verliere ich völlig den Boden unter den Füßen und beschließe, mir das Leben zu nehmen. Mich vor einen Zug zu werfen halte ich für die beste Lösung. Ich sehe nur noch mich und die Probleme, die Verantwortung für die Kinder schiebe ich gedanklich zur Seite. Doch es ist unmöglich, aus dem Haus zu gehen … ich schaffe es einfach nicht, die Tür zu öffnen! Erschöpft schlafe ich auf dem Fußboden ein. Noch nie zuvor hatte ich Selbstmordgedanken oder eine depressive Phase gehabt.

Als meine Tochter am nächsten Morgen zur Schule gehen will, fragt sie verblüfft: „Hast du gestern Abend etwa vergessen, die Tür abzuschließen!?"

Da fällt es mir wie Schuppen von den Augen, der Beweis ist offensichtlich: Das warst du, Herr, der du diese Tür geschlossen gehalten hast. Es gibt dich wirklich! Du kümmerst dich um mich! Ich entscheide mich für ein Leben mit dir.

Später erfahre ich, dass während dieser Ehekrise, die heftiger war als alle vorangegangenen, viele Freunde für mich beteten.

Mein Mann kommt zu mir zurück. Als ich überhaupt nicht damit rechne, wiederholt sich der Albtraum. Diesmal ist die Trennung endgültig. „Ich habe die größte Dummheit meines Lebens begangen", verkündet mein Mann, „doch ich möchte mich scheiden lassen und eine andere Frau heiraten." Diesmal habe ich keine Kraft mehr zu kämpfen. Meine Kinder sind neunzehn und dreiundzwanzig Jahre alt. Als wir geschieden werden, fühlt es sich so an, als ob man mir einen Teil aus meinem Körper herausreißen würde. Unter dem Schmerz breche ich zusammen. Aus der Tiefe meiner Einsamkeit schreie ich meine Warum-Fragen an meinen Mann heraus, doch er ist nicht mehr da, um zu antworten. Zwischen uns steht eine Mauer. Dann spüre ich die tröstende Gegenwart Gottes und erfahre die treue Unterstützung meiner Freunde, die für mich beten. Manchmal ist es so, als würde Gott mir vorschlagen: „Wende dich mir zu und umarme mich. Lass deinen Mann los …"

Ich entschließe mich schlussendlich dazu, meinem Mann alles, was in der Vergangenheit gewesen war, alles Gegenwärtige, sowie alles, was noch kommen würde, zu vergeben. Ohne Vergebung könnte ich den wahren Weg des Lebens nicht gehen. Ich bekräftige diese Vergebung in regelmäßigen Abständen.

V – Wieder aufleben

Die Kämpfe, die wir auf dieser Erde ausfechten müssen,
haben einen Sinn. Sie tragen dazu bei, dass wir reifen
und charakterfest werden sowie an Weisheit und an Profil
gewinnen. Häufig wird uns das erst im Rückblick bewusst.

41. Ich freue mich

Eines schönen Morgens bin ich völlig überrumpelt von meinen Gedanken, die mir beim Aufwachen durch den Sinn gehen: Ich denke mir, dass ich mich darüber freuen würde, wenn mein Exmann glücklich wäre. Ich kann es kaum fassen!

Lange Zeit war ich unfähig, mich für meinen Exmann zu freuen. Trotzdem habe ich es mir zur Gewohnheit gemacht, ihn in meinem täglichen Gebet zu segnen (Gutes über ihn auszusprechen) und zu beten, dass Gottes Plan für sein Leben Wirklichkeit werde.

Allerdings fiel es mir noch schwer, mich aufrichtig darüber zu freuen, dass es ihm gut geht, dass er einen schönen Urlaub verbringt, mehr Freiheiten in finanzieller Hinsicht hat als ich und so weiter und so fort ...

Doch nun scheint ein neues Kapitel begonnen zu haben. Meine wohlwollenden Gedanken betrachte ich als einen Beweis dafür, dass Gott mich vollständig heilt. Ich beginne mich zu freuen. Doch ich wäre nicht ehrlich, würde ich die Tatsache verschweigen, dass gelegentlich weniger schöne Gedanken auftauchen. Da ich aber genau weiß, dass diese Eifersuchtsgedanken mir nicht guttun, lade ich sie bei Gott ab.

Eine Gelegenheit zum Wachsen

Unsere Verletzungen können uns einschränken und sogar zerstören. Sie können aber auch – durch die Wirkung der Gnade – zu einer Quelle des Lebens und der Autorität werden. Durch die Verletzungen können sich uns neue Türen öffnen. Wir können ungeahnte Fähigkeiten entdecken.

Gott möchte uns unter keinen Umständen zerstören, doch er hilft uns, an unseren leidvollen Erfahrungen zu wachsen, unseren Schutzpanzer aufzubrechen, unseren Stolz, unsere Härte und Rebellion sowie unsere Strategien, mittels derer wir das Leben ohne ihn meistern wollen, aufzugeben. Mich persönlich haben die Verletzungen darauf vorbereitet Menschen zu begleiten, die in ähnlichen Lebenskrisen stecken.

„Menschen, die seelisch verletzt worden sind, haben die Macht, diejenigen zu segnen, die ihnen Leid zugefügt haben. Gott erteilt ihnen dafür eine besondere Vollmacht ...

Verwirklichen Sie das Potenzial, das in unseren Verletzungen verborgen liegt, die Kraft, die freigesetzt werden könnte und die heilende Wirkung, die all das auf unsere Familien, Gemeinden und unser Land haben würde!"[20]

Wenn wir es schaffen, die Verletzungen zu überwinden und uns innerlich wieder aufzurichten, werden wir eine neue Vollmacht empfangen, die Gott uns gibt.

Vom Umgang mit negativen Gedanken

„Negative und besonders hartnäckige Gedanken in den Griff zu bekommen, bedeutet für den Apostel Paulus ‚alles Denken gefangen zu nehmen, sodass es Christus gehorcht'.

In konkreten Situationen müssen wir erkennen, inwiefern unsere Denkweise von schlechten Zielen, zerstörerischen Wünschen, Versuchungen und Gefühlen oder den Vorschlägen des Teufels bestimmt wird. Der Heilige Geist macht uns darauf aufmerksam. Sobald wir das erkannt haben, müssen wir sofort handeln und unsere Gedankengänge durch ein deutliches ‚Stopp!' unterbrechen. Der Heilige Geist wird uns auch helfen, der Lüge und dem Bösen die Wahrheit entgegenzuhalten."[21]

„Ich bin der wahre Weinstock, und mein Vater ist der Weingärtner. Alle Reben am Weinstock, die keine Trauben tragen, schneidet er ab. Aber die Frucht tragenden Reben beschneidet er sorgfältig, damit sie noch mehr Frucht bringen."

Johannes 15,1-2 (Hfa)

42. Von der Entmutigung zur Ermutigung

„Ich habe keine Freude mehr daran, mich beim Alpha-Kurs zu engagieren und ich habe auch keine Kraft mehr, mich einzubringen", erzähle ich bei einem Treffen dem Ehepaar, das für den Kurs zu den Grundlagen des christlichen Glaubens verantwortlich ist.

Mit einem großen Seufzer fahre ich fort: „Ach, wenn es doch nur solch einen Kurs für Geschiedene gäbe …"

„Das gibt es!", entgegnet die Frau begeistert.

Diese Antwort ist für mich ein Geschenk des Himmels. Sofort beschließe ich, mich näher über dieses Angebot zu informieren. Es handelt sich um einen Kurs, der in England im Rahmen der anglikanischen Kirche entwickelt wurde. Als ich mir die Videos anschaue, bin ich überzeugt, dass dieser Kurs auf einem guten Fundament aufbaut.

Ein Schweizer Team übersetzt das vom Gründer verfasste Buch (siehe Anhang) und die dazugehörigen Vorträge. Danach verschicken wir Einladungen für den ersten Kurs und beten: „Herr, wenn es deinem Willen entspricht, dass wir diese Kurse organisieren, dann fülle Christines Wohnzimmer mit achtzehn Personen (damit wir zwei Gesprächsgruppen zu je neun Teilnehmern bilden können)."

Am entscheidenden Tag sind wir achtzehn Personen, keine mehr und nicht eine weniger! Dennoch überzeugt mich dieser erste Kurs nicht. Er umfasst vier Vorträge, ohne ein gemeinsames Essen.

Einige Monate später erhalten wir eine Einladung nach London, um in der Kirche *Holy Trinity Brompton* (HTB) an einer

Fortbildung anlässlich der überarbeiteten Version dieses Kurses teilzunehmen.

Der Kurs wurde auf sieben Abende ausgeweitet, sodass den Teilnehmern mehr Zeit bleibt, diesen Weg zusammen zu gehen. Zu jedem Abend gehört jetzt ein gemeinsames Essen (siehe Anhang).

Nach unserer Rückkehr wird der Kurs von einem kleinen Team überarbeitet, damit er den jeweiligen Überzeugungen der Gemeinden entspricht. Wir arbeiten unermüdlich daran, ihn in der ganzen Schweiz bekannt zu machen. Das Interesse an dieser Arbeit wächst zunehmend auch in Frankreich, Deutschland und Liechtenstein.

Nach meiner Beobachtung tut dieser Kurs vielen Teilnehmern gut. Oft bin ich berührt von ihren persönlichen Berichten, die beim festlichen Abschlussabend vorgetragen werden, da diese Menschen echte Veränderungen erleben und die Lebensfreude wiederfinden. *Was für ein Geschenk das doch ist, diese Menschen ermutigen zu können, nach einer Krise wieder aufzustehen und selbst ein Mutmacher zu werden!*

Ich beobachte bei mir selbst, dass mein größtes Leid meine Stärke geworden ist.

Das bietet Ihnen der Kurs „lieben-scheitern-leben"

Die Scheidung ist ein sehr schmerzhaftes Element unserer Gesellschaft, doch die Kirche hat eine Botschaft der Hoffnung zu ver-
künden. Der Kurs „lieben-scheitern-leben" trägt dazu bei. Dank
der Hilfe des Heiligen Geistes, mit gegenseitiger Unterstützung
und guten Lehrvorträgen werden Menschen, die eine Trennung
oder Scheidung aufarbeiten müssen, nachhaltig ermutigt. Der
Kurs basiert auf christlichen Prinzipien, aber jeder ist willkom-
men. Die Referenten haben selbst eine Scheidung hinter sich – sie
sind lebende Beispiele dafür, dass Heilung eines solchen Seelenschmerzes möglich ist.

Fällt es Ihnen schwer alleine auszugehen? Die Kursabende, zu
denen ein gutes Essen in geselliger Atmosphäre gehört, bieten
eine hervorragende Lösung. *Was für eine Wohltat, mit Menschen,
die sich alle in einer ähnlichen Lebenslage wie wir befinden, Erfahrungen austauschen zu können! Wir fühlen uns nicht mehr ausgeschlossen, da wir eine Zeit lang in der Mehrheit sind.* Ein weiterer
Vorteil ist die Chance, neue Freundschaften zu knüpfen. Die Vorträge zielen auf konkrete Lösungswege ab, z. B. als Antwort auf
die Frage: „Was hat dir dabei geholfen, diese Krise aufzuarbeiten?"

Anschließend tauschen die Teilnehmer in Kleingruppen ihre
Erfahrungen aus. Am letzten Abend arbeiten sie daran, gemeinsam Lebenspläne neu zu formulieren und sich ein Ziel zu setzen,
das sie erreichen wollen. Ihnen steht auch die Möglichkeit offen,
bei einem der nächsten Kurse mitzuarbeiten, um andere zu ermutigen – eine hervorragende Gelegenheit, das Leben wieder in den
Griff zu bekommen!

43. Gott gibt meinem Lebensweg einen Sinn

Als junge Frau habe ich als Grundschullehrerin gearbeitet. Danach habe ich Schulpsychologie und Erziehungsberatung studiert. Nach der Scheidung habe ich einen eineinhalbjährigen Lehrgang an einer Bibelschule belegt. Gerade habe ich eine dreijährige Ausbildung als Seelsorgerin abgeschlossen. Als letztes Modul dieser Spezialisierung absolviere ich ein Praktikum in einer christlichen Anlaufstelle, wo auch Gespräche angeboten werden.

Ich frage mich, ob ich hier nicht langfristig arbeiten könnte. Während ich in diese Arbeit eintauche und einen wirklichkeitstreuen Einblick erhalte, wird mir klar, dass sie meinen Wünschen nicht entspricht. Ich bin enttäuscht und frage mich: *Was ist das Ziel meines Lebens? Was hatte der Schöpfer im Sinn, als er mich entworfen hat?* Im Laufe meines Lebens habe ich in drei verschiedenen Berufsfeldern gearbeitet. Dabei hatte ich nie richtig den Eindruck, meinen Weg gefunden zu haben.

Also wende ich mich an meinen himmlischen Berater und Beschützer. „Was denkst du darüber? Wozu dienen mir all diese Ausbildungen?" Vor meinem geistigen Auge entsteht ein Bild: Ich sehe einen Blumenstrauß – so als würde Gott mir sagen: „Die verschiedenen Blumenarten symbolisieren deine verschiedenen beruflichen Tätigkeiten. In meiner Liebe binde ich sie mit einem Band zu einem Blumenstrauß zusammen. Alle deine Arbeitsstellen und Erfahrungen im Leben, sogar deine Enttäuschungen, haben ihren Platz in meinem Plan. Wenn du mir vertraust, werde ich daraus einen Blumenstrauß machen, der nicht nur schön anzuschauen ist, sondern auch Früchte tragen wird. Alle deine Talente und jede Erfahrung, die du gemacht hast, werden darin ihre Bedeutung haben."

Was für ein Privileg ist es doch zu wissen, dass ich diesen Blumenstrauß (Lehrtätigkeit, Gebet und Seelsorge) in den Dienst von getrenntlebenden oder geschiedenen Menschen stellen kann!

Was wir von Helen Keller lernen können

Helen Keller, eine amerikanische Schriftstellerin und Rednerin, ist eine faszinierende Frau. Im Alter von neunzehn Monaten erblindet sie und wird taub. Mit Mühe lernt sie die Blindenschrift. Mit ihren Fingern liest sie die Worte anderer Menschen von den Lippen ab. Sie lernt sprechen, studiert und verfasst mehrere Bücher. Helen Keller liebt ihren Herrn von ganzem Herzen. Sie kämpft gegen Armut, Ungerechtigkeit und gegen den Krieg. Sie engagiert sich für die Rechte der Frauen. Als sie auf ihre Blindheit angesprochen wurde, gab sie eine etwas provokative Antwort: „Blindheit? – Nein, das ist kein Problem. Was ein echtes Problem darstellt, ist sehen zu können, aber keine Vision für sein Leben zu haben."

Ich formuliere dieses Zitat um und wende es auf unsere Lebenslage an: „Geschieden sein ist nicht das Problem …"

Die Vision aufleben lassen und die Träume wieder ausgraben

Nach der Scheidung begraben manche Menschen ihre Träume. Aufgrund der Trennung können wir einen Teil dieser Träume verlieren, insbesondere diejenigen, die mit der Ehe oder Familie zusammenhängen oder mit Plänen, die wir als Paar gefasst hatten. Doch unsere individuelle Berufung bleibt bestehen. Was Gott in uns hineingelegt hat, wurde nicht ausradiert. Gott wird uns helfen, unsere Bestimmung zu verwirklichen. Wir müssen uns in Bewegung setzen, um in seinen Plan für uns hineinzukommen.

Das eine aber wissen wir: Wer Gott liebt, dem dient alles, was geschieht, zum Guten. Dies gilt für alle, die Gott nach seinem Plan und Willen zum neuen Leben erwählt hat.
Römer 8,28 (Hfa)

Meinen Weg alleine weitergehen

Zum Abschluss dieses Ratgebers betrachten wir die Lebensgeschichte von Eric Liddell, dem Olympiasieger und Protagonisten des Films „Die Stunde des Siegers". Diese Begebenheit bringt meiner Ansicht nach die Entwicklung, die auf eine Scheidung folgt, auf den Punkt.

Die ganze Welt rechnet damit, dass Liddell olympisches Gold holt. An seinem Sieg bestehen keinerlei Zweifel, denn er gehört zu den weltbesten Läufern. Kaum ein Gegner kann ihm das Wasser reichen. Zu Beginn läuft Liddell so schnell wie immer, doch mitten im Lauf stolpert er. War sein Sturz selbst verschuldet oder hat ihn ein anderer Läufer gestoßen? Das ist schwierig zu beurteilen. Alles ging so schnell … Und was ändert sich dadurch überhaupt? Nun liegt er am Boden. Er hat wertvolle Sekunden verloren. Die Gegner haben ihn überholt. Innerhalb eines Sekundenbruchteils muss er eine Entscheidung fällen. Soll er seine Niederlage hinnehmen, sich auf die Wiese setzen und zusehen, wie die Konkurrenten ihren Lauf vollenden? Niemand würde ihm Vorwürfe machen. Andererseits hatte er einen so guten Start hingelegt und die Medaille war in greifbarer Nähe … Das ganze Stadion hält den Atem an. Liddell beschließt aufzustehen und seinen Lauf zu beenden. Fast könnte man meinen, dass der Sturz ihm neue Kräfte verliehen hätte. Nach einigen Runden hat er seinen Rückstand aufgeholt und gewinnt sogar den Lauf.

Genauso stelle ich mir eine Scheidung auf einem Lebensweg vor: Sie ist ein Sturz mitten im Lauf. Wir stehen vor der gleichen Entscheidung wie Eric Liddell: das Handtuch werfen, weil das Laufen keinen Sinn mehr hat, oder aufstehen und weitermachen.

Die Scheidung gehört zu meinem Leben dazu. Ich habe gelernt, mich über meine Lebenslage zu freuen – nicht etwa, weil ich plötzlich meine Einstellung zum Thema Scheidung geändert hätte, sondern weil ich die Früchte sehe, die auf dem Boden dieser harten Zeit gewachsen sind: Ich habe eine Menge gelernt …

Das Leben als Geschiedene bleibt eine Herausforderung. Dennoch würde ich all das, was ich mir durch diese Erfahrung angeeignet habe, für nichts auf der Welt eintauschen. Heute bin ich sogar überzeugt, dass die härtesten Zeiten unseres Lebens der Schmelztiegel sind, in dem eine Berufung entstehen kann.

Eine Scheidung ist eine schmerzhafte Bewährungsprobe, doch durch die Gnade Gottes kann daraus eine Zeit des Wachstums werden. Das, was er nicht gewollt hat, kann er für uns zum Segen verwandeln – wenn wir ihn lieben und uns mit unserer Situation versöhnt haben.

Zum Abschluss möchte ich die Anekdote des bekannten Psychologieprofessors Thomas Whitman anbringen. Einem Musiker reißt mitten im Konzert eine Saite seines Instruments. Danach spielt der Interpret das Stück auf den verbliebenen Saiten. Das ist nicht ganz einfach, doch in den Ohren der Zuhörer klingt die Melodie nicht weniger schön.

Genau das ist das größte Geschenk, das Sie sich selbst, Ihren Kindern, Ihren Mitmenschen und schließlich Gott machen können: die Melodie Ihres Lebens weiterspielen.

Nachwort

Sieben Jahre liegt unsere Scheidung nun zurück. Unsere drei Töchter haben ihre eigenen Familien gegründet. Wir sind nun Großeltern. Eines Tages bittet eine meiner Töchter mich darum, meinen Enkel an einem Samstag zu beaufsichtigen. Die andere Tochter wendet sich mit der gleichen Bitte an ihren Vater, weil die drei Ehepaare gemeinsam einen Kurs besuchen wollen. Für uns ist das eine Premiere!

Mein Exmann und ich stellen fest, dass wir zur selben Zeit, unabhängig voneinander, um den gleichen Gefallen gebeten wurden. Und warum sollten wir diese Aufgabe nicht gemeinsam bewältigen? Nach diesen Überlegungen treffen wir uns in der Wohnung einer unserer Töchter. Mein Exmann kümmert sich um das kulinarische Wohlergehen, während ich mich den Kleinkindern zuwende, die praktisch gleich alt sind. Wir verbringen einen angenehmen Tag. Von Zeit zu Zeit rufen unsere Töchter an, um zu erfahren, ob alles gut läuft.

Am Abend sind alle zufrieden. Die Großeltern sind stolz darauf, die Betreuung der Kleinen gut gemeistert zu haben und die Eltern finden ihre Jungs zufrieden und fröhlich vor. Doch was mich am meisten berührt, ist die Anerkennung einer meiner Töchter: „Weißt du, Mama, den Zerbruch unserer Familie zu verkraften, war für uns mehr als schmerzlich … doch euch beide strahlen zu sehen, während ihr unsere Kinder betreut – das tut gut! Das ist wie Balsam auf einer Wunde. Was für ein Geschenk, euch als Großmutter und Großvater zu haben!"

Anmerkungen

1. Erklärung des Pastors Rick Warren bei der HTB-Leadership-Konferenz am 15. Mai 2012.
2. *Weltwoche* Nr. 37 vom 13. September 2012: „Scheiden bringt nichts".
3. Radiosendung *Mittagsjournal* des DRS vom 24. Mai 2012.
4. Jacques Poujol, Divorce: *impasse ou dépassement*, Edition Empreinte, Seite 18.
5. Es gibt Gebetskreise und Gruppen, die Menschen Unterstützung anbieten, die ihrem Eheversprechen auch nach der Scheidung treu bleiben wollen. Da sie zur sozialen Isolation neigen, gibt es Initiativen, um dieser entgegenzuwirken, zusammenzukommen und sich kennenlernen zu können. Der Gebetskreis Magnificat, der zur katholischen Kirche gehört, ist beispielsweise solch eine Gruppe.
6. *Weltwoche* Nr. 37 vom 13. September 2012: „Scheiden bringt nichts".
7. Zitat aus einem Interview einer Radiosendung vom 26. April 2012.
8. *Blick am Abend*, 13. Juli 2012.
9. Jeff, One Lonely Guy, Amazon publishing, 2012.
10. Catherine Siguret, Interview vom 31. Januar 2012, erschienen im Wochenmagazin *Coopération*.
11. Für alleinreisende Kinder haben die Deutsche Bahn und die Lufthansa verschiedene Konzepte entwickelt; insbesondere sei hier *Kids on Tour* der Deutschen Bahn genannt. Im Jahr der Einführung 2003 sind 223 Kinder für 25 Euro alleine (d. h. ohne Begleitung eines Erwachsenen) durchs Land gereist. Heute nehmen über 65.000 Kinder dieses Angebot in Anspruch, das ihnen ein Gefühl der Sicherheit gibt. Unter den Kunden finden sich zunehmend Patchworkfamilien.
12. Melanie Mühl, *Die Patchwork-Lüge*, Carl Hanser Verlag, 2011, Seite 128.
13. Gérard Poussin, in *L'Hebdo*, 8. Dezember 2012, Seite 48: „Les enfants du divorce, les gagnants et les perdants" („Scheidungskinder – Die Gewinner und die Verlierer").
14. SCM Bundes-Verlag, Nr. 1/2012, Seite 3.
15. Manfred Engeli, *Makarios*, Édition Je Sème, Seite 49.
16. Ebd., Seite 88.
17. Ebd., Seite 84–86.
18. *Weltwoche* Nr. 36, 6. September 2012. Paulo Coelho hat 165 Millionen Bücher verkauft.
19. Fastengebet, Schweizerische Evangelische Allianz, 2012.
20. Zitat des Züricher Pastors Geri Keller zum Thema Scheidung, in *Verstasch*, Seiten 276, 284, 291 und 306.
21. Manfred Engeli, op. cit., Seite 67.

Anhang

Der Kurs „lieben-scheitern-leben"

In England berichtet Christopher Compston, Initiator des Kurses „lieben-scheitern-leben" und Autor des Buches *Breaking Up without Cracking Up* („Sich trennen ohne zusammenzubrechen"), dass seine Eltern sich trennten, als er noch ein Kind war.

Seine Mutter hat sich nie davon erholt. Weil er selbst ein Trauma erlitten hatte, hat er sich selbst geschworen, sich niemals scheiden zu lassen. Als Erwachsener durchlebt er die gleiche Tragödie: Seine Frau verlässt ihn wegen eines anderen …

Dank eines Freundes findet er zum Glauben und schafft es, seine Verletzungen mit Gottes Hilfe zu überwinden. Er heiratet wieder. Durch seine Tätigkeit als Anwalt und Richter weiß er, dass Tausende Menschen mit ähnlichen Problemen zu kämpfen haben und infolge der Scheidung die gleichen Leiden tragen. Er beschließt, Kurse für getrenntlebende oder geschiedene Menschen anzubieten. Zu Beginn ist seine Gemeinde von dieser Idee nicht angetan. Für sein Vorhaben wird ihm ein heruntergekommener Raum innerhalb des Gebäudekomplexes der *Holy Brompton Trinity Church* zugewiesen, während nebenan die Verlobten in einem prunkvollen Saal bei einem Drei-Gänge-Menü zum Ehevorbereitungskurs zusammenkommen.

Seither hat sich einiges verändert!

In der Schweiz wird der Kurs unter der Schirmherrschaft von Campus für Christus von einem ökumenischen Team geleitet, zu dem neben hauptamtlichen Pfarrern und Priestern auch ehrenamtliche Mitarbeiter verschiedener Konfessionen zählen. Das gemeinsame Ziel der Mitarbeiter von „lieben-scheitern-leben" besteht darin, dass Familienleben wiederhergestellt wird und Menschen, die unter ihren zerbrochenen, gestörten und zerstörerischen Beziehungen leiden, Heilung erfahren.

Dank der Gnade Gottes, der Liebe der anderen Kursteilnehmer und guter Lehrvorträge erhalten die Teilnehmer Unterstützung, unabhängig von ihrem Hintergrund und bzw. oder ihrem Glauben.

Der Kurs umfasst sechs Treffen. Begonnen wird mit einem gemeinsamen Abendessen in geselliger Atmosphäre. Anschließend stehen ein Lehrvortrag, persönliche Lebensberichte und Gespräche in Kleingruppen auf dem Programm. Alle Referenten haben selbst eine Trennung oder Scheidung erlebt. In einer Atmosphäre, in der viel Wert auf persönlichen Austausch gelegt wird, erhalten auf diese Weise Hunderte Menschen ausführliche Ratschläge und Ermutigungen.

Folgende Themen werden an den Abenden behandelt:

- Den Folgen von Trennung und Scheidung ins Auge blicken
- Kommunikation und Konfliktlösung
- Vergebung
- Beziehungen pflegen zu Kindern und anderen Personen
- Rechtliche und ethische Fragen
- Ein neues Leben aufbauen

Was Teilnehmer berichten

„Ich habe mich verstanden gefühlt – normal eben! Ich habe neues Selbstvertrauen gewonnen; ich gehe arbeiten, bin einem Chor beigetreten, ich singe!"

„Ich fühle mich nicht verurteilt, ich fühle mich angenommen. Ich habe ein Licht am Ende des Tunnels gesehen und neue Kraft bekommen. Ich bin gespannt, was Gott noch alles für mich vorbereitet hat. Ich habe begriffen, dass mein Leben an diesem Punkt nicht zu Ende ist."

„Dank dieses Kurses habe ich mich von dem Gedanken befreit, ein Mann zweiter Klasse zu sein. Ich weiß, dass ich wertvoll bin."

„Ich habe gemerkt, dass ich mit meinem Schmerz nicht alleine bin. Ich weine weniger. Ich habe Freunde gefunden, die mich bei der Vorladung im Gerichtssaal unterstützt haben. Zwar habe ich noch viele Probleme, doch ich habe gelernt, mich auf Gott zu verlassen."

Kontakt

Sie können über die Internetseite www.liebenscheiternleben.ch Kontakt mit uns aufnehmen. Dort finden Sie auch die Termine für die nächsten Kurse, die in Deutschland und der französischen Schweiz stattfinden.

Danksagung

Dieses Buch ist das Ergebnis langjähriger Arbeit. Ich habe eine Menge Notizen gemacht und viele Seiten geschrieben.

Mein Bruder Hans-Peter Nüesch hat das Manuskript als Erster Korrektur gelesen. Für seine treffenden Kommentare bin ich sehr dankbar.

Außerdem danke ich meiner Schwester Marianne Bächtold und Rolf Egger, die ebenfalls korrigiert haben.

Manuel Rapold glaubte an den Erfolg dieses Buchprojekts und ermutigte mich, wenn ich Zweifel hatte.

Manfred Engeli hat das Manuskript mit seinem professionellen Blick durchgelesen.

Ich danke Doris Stettler, Annelise Egger sowie meinen Cousinen Maja Welti und Esther Mettler, die dieses Projekt ein Jahr lang im Gebet mitgetragen haben.

Des Weiteren gilt mein Dank Sylvain und Sylvianne Chollet, die an meiner Seite waren, mich ermutigten und im Gebet unterstützten.

Bedanken möchte ich mich auch bei meinem Schwager Peter für seine diskrete und treue Unterstützung. Viele weitere Menschen haben mich begleitet und für mich gebetet. Auch ihnen bin ich sehr dankbar.

Ich danke meinen drei Töchtern – die ich von ganzem Herzen liebe –, die damit einverstanden waren, dass ich den Lesern einen kleinen Einblick in die Freuden und Schwierigkeiten unseres Familienlebens gewähre.

liebenscheiternleben

Ein Kurs zur Aufarbeitung von Trennung und Scheidung

Neue Hoffnung schöpfen!

Hast du eine Trennung oder Scheidung hinter dir und ringst um deinen weiteren Weg?

Bei **lieben-scheitern-leben** triffst du Menschen, die Ähnliches erlebt haben und dich in deinem Prozess unterstützen. Durch Inputs und Gespräche in kleinen Gruppen bekommst du Hilfestellung für deine Situation.

Themen des Kurses:

- Den Folgen von Trennung und Scheidung ins Auge blicken
- Kommunikation und Konfliktlösung
- Vergebung
- Beziehungen pflegen zu Kindern und anderen Personen
- Rechtliche und ethische Fragen
- Ein neues Leben aufbauen

Der Kurs beruht auf christlichen Werten und ist trotzdem offen für jedermann. Weitere Informationen und eine Liste aller angebotenen Kurse (CH, D und A) findest du unter:

www.liebenscheiternleben.ch

TEAM.F
Die Lebenspraktiker.

Wir selbst haben erlebt, dass unser Ehe- und Familienleben tiefer und erfüllter wurde, als wir begannen, Gottes Ratschläge für unsere Familienbeziehungen zu befolgen.

TEAM.F-Seminarthemen im Überblick:

→ **Perspektiven für Singles**
→ **Freundschaft und Ehevorbereitung**
→ **Paar- und Ehebeziehung**
→ **Eltern und Kindererziehung**
→ **Familie erleben**
→ **Trennung und Neuorientierung**
→ **Persönlichkeit und Seelsorge**
→ **Frauen unter sich**
→ **Männer unter sich**
→ **Akademie und Fortbildung**

TEAM.F · Neues Leben für Familien e.V.
Honseler Bruch 30 · 58511 Lüdenscheid · Fon 0 23 51.8 16 86
Fax 0 23 51.8 06 64 · info@team-f.de · www.team-f.de

Der Verlag weist ausdrücklich darauf hin, dass im Text enthaltene externe Links vom Verlag nur bis zum Zeitpunkt der Buchveröffentlichung eingesehen werden konnten. Auf spätere Veränderungen hat der Verlag keinerlei Einfluss. Eine Haftung des Verlags ist daher ausgeschlossen.

Die Bibelzitate wurden, sofern nicht anders angegeben,
den folgenden Bibelübersetzungen entnommen:
– Hoffnung für alle – Die Bibel, durchgesehene Ausgabe in neuer Rechtschreibung,
© 1986, 1996, 2002 by International Bible Society, USA.
Übersetzt und herausgegeben durch: Brunnen Verlag Basel, Schweiz (Hfa)
– Neues Leben – Die Bibel, © 2002 Hänssler Verlag, Holzgerlingen (NL)

Ursprünglich veröffentlicht auf Französisch unter dem Titel
„Reprendre la route après un divorce"
von Campus pour Christ, Avenue de Provence 4, 1007 Lausanne, Schweiz

1. Auflage 2016
Bestell-Nr. 817283
ISBN 978-3-95734-283-6

Umschlaggestaltung: Björn Steffens
Umschlagmotiv: Shutterstock
Innenillustrationen: Stephan Bornick
Lektorat: Sarah Kleinknecht
Satz: Vornehm Mediengestaltung, München
Druck und Verarbeitung: GGP Media GmbH, Pößneck
Printed in Germany

www.gerth.de